Margit Proebst

Fotografie: Alex & Angkana Neumayer

DAS GANZE BROT

70 geniale **NO-WASTE-REZEPTE**
mit dem **BROT** von gestern

CHRISTIAN

INHALT

HAUPTGERICHTE MIT FISCH & FLEISCH

VEGETARISCHE HAUPTGERICHTE

SÜSSE GERICHTE

UNSER TÄGLICHES BROT …

…landet heute nicht selten im Müll. Auch wenn viele dabei ein schlechtes Gewissen haben, so fehlt doch oft die Erfahrung oder die Fantasie, um aus übrigem Brot leckere neue Gerichte zuzubereiten. Damit ist jetzt Schluss! Aus altbackenem Brot lassen sich jede Menge herzhafter und süßer Köstlichkeiten zaubern, denen man die Resteverwertung nicht ansieht. Mit den Rezepten in diesem Buch können Sie ganz einfach einen kleinen Beitrag im Kampf gegen die Lebensmittelverschwendung leisten. Das ist nachhaltig und schont überdies den Geldbeutel!

Besonders lohnenswert ist das natürlich bei Brot aus natürlichen Zutaten und von wirklich guter handwerklicher Qualität. Stimmt, das ist erheblich teurer als Masseware aus dem Backshop! Dafür ist es gesünder und schmeckt schon pur besser – und die Gerichte aus dem übrig gebliebenen natürlich auch. Am Ende lohnt es sich in jeder Hinsicht, gutes Brot wertzuschätzen und vollständig aufzubrauchen. Für Genuss bis zum letzten Krümel!

BROT UND BRÖTCHEN RICHTIG AUFBEWAHREN

Gutes Bauernbrot oder Roggenbrot ist lange haltbar und schmeckt meist auch nach einer Woche noch ausgezeichnet. Weizenbrötchen und Weißbrote hingegen sind frisch eindeutig am leckersten. Schon am nächsten Tag sind sie nicht mehr ganz so einladend, lassen sich aber noch gut aufbacken oder toasten. Nach zwei oder drei Tagen aber sind sie ein Fall für die Resteverwertung, und dann kommen die köstlichen Rezepte in diesem Buch ins Spiel!

Brot richtig lagern

In guten Bäckereien wird das Brot oft in eine Art Seidenpapier gewickelt, das das Brot vor dem Austrocknen schützt. Kleinere Menge für den 1- oder 2-Personen-Haushalt bleiben darin durchaus ein paar Tage frisch. Idealerweise aber bewahren Sie Ihr Brot in einem Brotkasten oder Brottopf auf. Darin bleibt es noch ein wenig länger saftig. Bevor Sie das neu gekaufte hineinlegen, entfernen Sie die alten Brösel und wischen sorgfältig mit Essigwasser aus – so hat Schimmel kaum eine Chance. Hat er sich doch mal gebildet, so sollten Sie das Brot bitte komplett entsorgen. Da sich die Schimmelsporen möglicherweise schon im ganzen Brot verbreitet haben, ist es nicht ratsam, nur die sichtbar befallenen Stellen wegzuschneiden.

Alle Brotsorten lassen sich hervorragend einfrieren und halten so gut drei Monate. Wenn Ihr Bäcker also, zum Beispiel kurz vor Ladenschluss, Ihr Lieblingsbrot zum Sonderpreis anbietet, dann schlagen Sie zu! Was Sie nicht gleich aufessen oder in den nächsten Tagen für eins der Rezepte in diesem Buch verwenden, frieren Sie im Ganzen, geviertelt oder in Scheiben geschnitten ein. Und zwar am besten sofort, denn, je frischer es im Tiefkühlfach landet, umso frischer kommt es auch wieder aus dem Kälteschlaf. Wichtig ist dabei, dass das Brot möglichst luftdicht verpackt ist, damit es nicht austrocknet. Vakuumieren Sie es also oder wickeln es ganz fest in Alufolie. Zum Auftauen nehmen Sie es aus der Verpackung und lassen es langsam bei Zimmertemperatur auftauen. Wenn es schneller gehen soll, legen Sie das Brot auf das Gitter im Backofen und lassen es bei 100 °C auftauen.

Trocken Brot macht Wangen rot…

Na ja, mit röscher Kruste und weicher Krume mögen wir es denn doch meist lieber. Ist Mischbrot oder Roggenbrot schon etwas älter und lässt sich nicht mehr gut schneiden, dann können Sie es mit einem kleinen Trick wiederbeleben. Sprühen Sie mit einer Blumensprühflasche ein wenig Wasser in einem feinen Nebel auf die Oberfläche und wickeln das Brot für mindestens 1 Stunde in eine Plastiktüte. Dadurch wird die Rinde wieder weich und lässt sich besser schneiden. Wenn's schneller gehen soll, besprühen Sie das Brot, wickeln es in Alufolie und backen es in 15–20 Minuten bei 100 °C im Backofen auf.

Weißbrot wie Baguette oder Parisienne wird entweder trocken und bröselig oder, wenn Sie es in einer Plastiktüte aufbewahrt hatten, ein wenig zäh. In beiden Fällen hilft der Wassersprühnebel und Aufbacken im Backofen. Danach schmeckt es fast wie frisch gebacken, allerdings nur kurzzeitig, deshalb sollte es dann auch schnell verzehrt werden. Vielleicht machen Sie aber auch ein leckeres Knoblauchbrot daraus (das Rezept dazu finden Sie auf Seite 42)?

Toaster und Kontaktgrill

Das wissen Sie natürlich selber: Altbackene Brotscheiben verpassen Sie ganz einfach im Toaster einen Frischekick, und schon schmecken sie wieder! Soll gleich eine größere Menge an Brötchen, Baguette oder anderem Weißbrot »wiederbelebt« werden, so legen Sie diese auf das Backofengitter, sprühen mit der Blumensprühflasche einen feinen Wassernebel darüber und backen alles in ca. 10 Minuten bei 100 °C im Ofen auf.

Eine gute Möglichkeit, altbackenes Brot auf die Schnelle appetitlich aufzupeppen, bieten Sandwich-Toaster und Kontaktgrills. Das Brot dafür kann, muss aber keineswegs frisch sein. Bestreichen Sie trockene Scheiben oder Stücke mit Butter, Pesto oder Frischkäse, belegen sie nach Herzenslust mit Schinken, Gemüse, Käse etc. und decken mit einer zweiten bestrichenen Scheibe ab. Der Fantasie sind dabei nahezu keine Grenzen gesetzt. Sie werden sehen, die heißen und knusprigen Doppeldecker werden reißenden Absatz finden!

Ist das Brot unwiderruflich alt und trocken, so taugt es immer noch für Croûtons oder Brösel. Was es dabei zu beachten gilt, lesen Sie auf den nächsten Seiten.

CROÛTON- UND BRÖSELVARIATIONEN

Übriges Brot und keine Lust groß damit zu kochen? Dann machen Sie doch fix Croûtons daraus! Damit verleihen Sie selbst einfachen Suppen und Salaten das gewisse Extra. Eine andere Möglichkeit sind Brösel. Die eignen sich beispielsweise zum Panieren oder Gratinieren von Fleisch, Fisch und Gemüse, aber auch zum Backen oder Andicken von Saucen. Beides lässt sich übrigens mit individuellen Würzzutaten raffiniert verfeinern.

Knusper, Knusper
Für Croûtons eignet sich im Prinzip jede Sorte, vom Weißbrot bis zum Roggenbrot. Weißbrot-Croûtons passen dabei eher zu leichten Gerichten wie Salat, Fisch und Geflügel, würzigere Brotsorten wie Sauerteigbrote mit hohem Roggenanteil eher zu kräftigen Suppen und Eintöpfen.
Schneiden Sie das Brot zunächst in ½–1 cm große Würfel. Wenn das schwer geht, weil das Brot recht trocken ist und stark bröseln würde, so besprühen Sie es davor ganz fein mit Wasser aus der Blumensprühflasche, geben das Brot in eine Plastiktüte und lassen die Kruste in etwa 1 Stunde geschmeidig werden. Rösten Sie die Brotwürfel dann einige Minuten bei mittlerer Hitze in einer Pfanne oder, bei größeren Mengen, bei ca. 150 °C auf dem Blech im Backofen. Ob Sie es trocken oder unter Beigabe von etwas Öl oder Butter rösten, hängt vom Rezept ab. Sollen Knoblauch, Kräuter oder Gewürze hinzugefügt werden, so ist ein wenig Fett ratsam, weil sich die Aromen dann besser mit den Brotwürfeln verbinden. Frisch zubereitet schmecken Croûtons immer am besten, in einer gut schließenden Blechdose halten sie aber auch 2–3 Tage.

Croûtons 5 × anders

Für je 4 Portionen
Für Thymian-Croûtons mit einem Hauch von Knoblauch 120 g Weißbrotwürfel in einer Pfanne in 1 EL Butter anrösten. 1 zerdrückte Knoblauchzehe und 1 TL gehackte Thymianblättchen dazugeben und 2–3 Minuten unter Rühren rösten. Vor dem Servieren den Knoblauch entfernen. Passt zum Beispiel als Topping für Karotten- oder Kürbiscremesuppe.

Für Tomaten-Basilikum-Croûtons 4 getrocknete Tomaten (in Öl, aus dem Glas) abtropfen lassen und fein hacken. 120 g Weißbrotwürfelchen in 2 EL Tomatenöl (aus dem Glas) anrösten. Tomatenwürfelchen und 2 EL fein geschnittene Basilikumblätter unterrühren und kurz mitrösten. Sie schmecken gut zu Tomatensuppe oder italienisch inspirierten Eintöpfen.

Für Croûtons mit Petersilien-Gremolata ½ Bund Petersilie, 1 geschälte Knoblauchzehe und 1 TL Zitronenschalenzesten fein durchhacken. 120 g Weißbrot-

oder Mischbrotwürfelchen in 2 EL Olivenöl anrösten. Die Petersilienmischung unterrühren und 1 Minute unter Rühren mitrösten. Schmeckt gut auf Minestrone oder zu Schmorgerichten mit Fleisch und Gemüse.

Für Walnuss-Minz-Croûtons 6 Walnusshälften fein hacken. Mit 120 g Weißbrot-Nussbrot- oder Mischbrotwürfelchen in 2 EL neutralem Pflanzenöl anrösten. 1 EL fein gehackte frische Minze und 1 Prise gemahlene Bockshornkleesamen hinzufügen und kurz mitrösten. Passt gut zu Schmorgerichten mit Aubergine, Zucchini und/oder Paprikaschoten.

Für würzige Roggenbrot-Croûtons je ½ TL Fenchel- und Kümmelsamen im Mörser zerstoßen. 120 g Roggenbrotwürfelchen in 1 EL Butter knusprig rösten. Die Würzmischung unterrühren und gut durchschwenken. Schmeckt zum Beispiel als Topping für Kartoffelsuppe mit Speck und Würstchen.

Wie wäre es mit süßen Croûtons? Goldbraun geröstet und mit etwas Butter und Puderzucker karamellisiert schmecken sie wunderbar als Keksersatz in Schichtdesserts, z. B. den Apfel-Verrines von Seite 134, als Zutat in Kuchen wie dem Brotgugelhupf von Seite 148 oder als Knusperbeigabe zum Frühstücksmüsli.

Brotbrösel
Ist das Brot schon recht trocken, machen Sie am besten Brösel daraus. Wenn Sie diese sofort weiterverwenden, muss das Brot nicht komplett ausgetrocknet sein. Schneiden Sie es in Stücke und zerkleinern Sie es im Blitzhacker zu mehr oder weniger feinen Bröseln. Wenn Sie die Brösel aber für den Vorrat in Gläsern aufbewahren möchten, darf das Brot keine Feuchtigkeit mehr enthalten, weil die Brösel sonst schimmeln könnten. Zerteilen Sie das Brot in dünne Scheiben oder kleine Würfel, sodass es später in die Nussmühle oder den Blitzhacker passt, legen es auf ein Brett und lassen es in einigen Tagen komplett austrocknen. Wenn's schneller gehen soll, verteilen Sie es auf einem mit Backpapier belegtem Blech und trocknen es in 2–3 Stunden bei 50 °C im Backofen. Klemmen Sie dabei am besten einen Holzkochlöffel in die Backofentür, damit die verdunstende Feuchtigkeit durch den Spalt abziehen kann.

Würzige Bröselmischungen
Selbst gemachte mit Kräutern, Gewürzen, Zitrusschalen und vielem mehr aromatisierte Brotbrösel schmecken ungleich besser als das langweilige Industrieprodukt aus der Packung! Probieren Sie zum Panieren von Kalbsschnitzeln doch mal Brösel aus Weißbrot und ein paar getrockneten Steinpilzen. Eine gute Kombi für Fischfilet ist Weißbrot mit Thymianblättchen und unbehandelter Zitronenschale. Getrocknete Fenchelsamen und Orangenschale passen ebenfalls gut zu Fisch, auch zu Meeresfrüchten. Weißbrotbrösel mit Kreuzkümmel- und Koriandersamen schmecken fabelhaft als Panade für Lammschnitzel oder Auberginenscheiben. Mit etwas Zucker, Zimtpulver oder gemahlener Vanille lassen sich süße Brösel als Topping für Aprikosen- oder Zwetschgenknödel herstellen. Im Buch finden Sie noch weitere Ideen, die Sie zu eigenen Kreationen inspirieren sollen. Viel Spaß beim Ausprobieren!

SNACKS & VORSPEISEN

Knusprig aufgebacken und raffiniert belegt schmecken sie zum Aperitif ebenso wie als Fingerfood beim Fernsehabend – bei Crostini, Bruschetta und Co. kommen altbackene Brotscheiben zu neuen Ehren. Mit feineren Zutaten wie Räucherlachs und Garnelen entstehen daraus leckere Vorspeisen. Und aus ganzen Broten werden mit Würzbutter, Käse und Früchten Zupfbrote für die größere Runde, nach denen sich Ihre Gäste die Finger lecken werden.

Ziegenkäse-Crostini
mit Honig und Walnüssen

Für 12 Stück • Zubereitungszeit: ca. 20 Minuten

Für die Ziegenkäse-Crostini
- 200 g altbackenes Baguette oder Parisienne
- 4–5 Zweige Thymian
- 50 g Walnusshälften
- 150 g Ziegenweichkäse
- 40 g weiche Butter
- frisch gemahlener schwarzer Pfeffer
- 6 TL flüssiger Honig

Ziegenkäse-Crostini

Das Brot in zwölf Scheiben schneiden. (Falls es sehr trocken ist, vorher mit wenig Wasser besprühen und 1 Stunde in einer Plastiktüte weich werden lassen.)

Den Thymian waschen, trocken schütteln, die Blättchen abzupfen und fein hacken. Die Walnüsse grob hacken. Den Ziegenkäse klein würfeln. Alles mit der weichen Butter vermengen und mit Pfeffer würzen.

Die Baguettescheiben mit der Ziegenkäsemasse bestreichen und mit etwas Abstand auf ein mit Backpapier ausgekleidetes Backblech legen. Jeweils ½ TL Honig darüberträufeln und die Crostini 6–7 Minuten auf der mittleren Schiene im auf 200 °C vorgeheizten Backofen (Ober/-Unterhitze, Umluft 180 °C) überbacken, bis der Käse zu schmelzen beginnt.

Servieren

Die Crostini auf einem Teller anrichten und warm zum Aperitif servieren.

TIPP
Statt Honig und Thymian 4–5 entsteinte Datteln und 1 Frühlingszwiebel fein geschnitten unter die Ziegenkäse-Walnussbutter mischen. Diese Variante passt besonders gut zu einem Glas Sherry.

Röstbrot mit Mandelpesto und Avocado-Tomaten-Salat

Für 4 Stück • Zubereitungszeit: ca. 30 Minuten

Für den Avocado-Tomaten-Salat
2 Strauchtomaten
1 reife Avocado
2 EL Zitronensaft
Salz
Zucker
½ TL mittelscharfer Senf
2 EL Olivenöl

Für das Röstbrot mit Mandelpesto
1 großes Bund Basilikum
1 kleine Knoblauchzehe
40 g gehäutete Mandelkerne
3 EL Olivenöl
2 EL geriebener Parmesan
1 Spritzer Zitronensaft
Salz
frisch gemahlener schwarzer Pfeffer
200 g altbackenes Baguette oder Parisienne

Avocado-Tomaten-Salat

Für den Salat die Tomaten quer halbieren, die Samen entfernen und die Hälften klein würfeln. Die Avocado halbieren, den Stein entfernen, das Fruchtfleisch mit einem Esslöffel aus den Hälften herauslösen, klein würfeln und sofort mit 1 EL Zitronensaft mischen.

Den restlichen Zitronensaft (1 EL) mit 1 kräftigen Prise Salz, 1 kleinen Prise Zucker sowie dem Senf verrühren und das Öl unterschlagen. Die Tomaten- und Avocadowürfel untermischen. Den Avocadostein dazulegen (das sorgt dafür, dass die Avocadowürfel nicht so leicht braun werden) und den Salat bis zum Servieren durchziehen lassen.

Röstbrot mit Mandelpesto

Für das Pesto das Basilikum waschen, trocken schütteln und die groben Stiele entfernen. Den Knoblauch abziehen. Das Basilikum, den Knoblauch, die Mandeln und das Öl in einem Standmixer oder in einem hohen Mixbecher mit dem Stabmixer fein pürieren. Den geriebenen Parmesan unterrühren und alles mit Zitronensaft, Salz und Pfeffer abschmecken.

Das Brot einmal quer durchschneiden und jede Hälfte in zwei Stücke schneiden. Im Toaster knusprig aufbacken. Etwas abgekühlt mit dem Pesto bestreichen.

Servieren

Den Avodado-Tomaten-Salat auf die Röstbrote verteilen und nach Belieben mit etwas schwarzen Pfeffer würzen.

TIPP
Der Belag schmeckt auch ausgezeichnet auf Roggenbaguette oder Nussbrot.

Crostini
mit Edamame-Minz-Creme

Für 12–15 Stück • Zubereitungszeit: ca. 25 Minuten

Für die Crostini
150 g Edamame-Bohnen (TK-Produkt)
1 Schalotte
1 TL Butter
Salz
frisch gemahlener schwarzer Pfeffer
2–3 Stängel frische Minze
80 g Kräuterfrischkäse
1–2 TL Zitronensaft
Zucker
80 g Radieschen- oder Alfalfasprossen
200 g altbackenes Baguette oder Parisienne

Crostini

Die Edamame-Bohnen antauen lassen. Die Schalotte abziehen und fein hacken. Die Butter in einer Pfanne schmelzen. Die Schalottenwürfel und die Edamame-Bohnen 2–3 Minuten unter Rühren andünsten. Mit Salz und Pfeffer würzen, vom Herd nehmen und abkühlen lassen.

Die Minze waschen, trocken schütteln, abzupfen und die Blätter fein schneiden. 3 EL Edamame-Bohnen beiseitestellen. Den Rest mit dem Frischkäse in einen hohen Mixbecher geben und grob pürieren. Die Minze unterrühren und alles mit Zitronensaft, Salz, Pfeffer und 1 kleinen Prise Zucker abschmecken.

Die Sprossen in einem Sieb kalt abbrausen und gut abtropfen lassen. Das Weißbrot in 12–15 Scheiben schneiden und auf dem Blech im Backofen oder im Toaster knusprig rösten.

Servieren

Die gerösteten Brote mit der Edamame-Minz-Creme bestreichen und mit den beiseitegestellten Edamame-Bohnen und den Sprossen garnieren.

TIPP
Edamame-Bohnen sind ursprünglich aus Japan stammende junge, unreif geerntete Sojabohnen. Sie haben ein mildsüßes Aroma, sind sehr eiweißreich und stecken voller Vitamine und Mineralstoffe. Tiefgekühlt sind sie in Bioläden und gut sortierten Supermärkten erhältlich. Mittlerweile werden sie auch in Deutschland angebaut. Als Frischware werden für das Rezept ca. 600 g benötigt. Die Schoten dann 5–7 Minuten in kochendem Salzwasser garen, in Eiswasser abschrecken und die Bohnen auslösen.

Crostini
mit Hummus und Rote-Bete-Salat

Für 15 Stück • Zubereitungszeit: ca. 30 Minuten

Für das Hummus
250 g Kichererbsen (Konserve)
1 Knoblauchzehe
1 EL Tahin (Sesampaste)
2 EL Zitronensaft
1 EL Olivenöl
1 gestr. TL gemahlener Kreuzkümmel
¼ TL Cayennepfeffer
Salz
Zucker

Für den Rote-Bete-Salat
250 g vorgegarte rote Beten
6 Walnusshälften
4 weiche Datteln
1 kleines Bund Koriandergrün
Salz
frisch gemahlener schwarzer Pfeffer
1 EL Zitronensaft
1 EL Olivenöl

Zum Servieren
200 g altbackenes Baguette oder Parisienne

Hummus

Für das Hummus die Kichererbsen in einem Sieb abtropfen lassen. Den Knoblauch abziehen und klein schneiden. Die Kichererbsen, den Knoblauch, das Tahin, den Zitronensaft und das Olivenöl in einen hohen Mixbecher geben. Den Kreuzkümmel, den Cayennepfeffer, 1 kräftige Prise Salz und 1 kleine Prise Zucker dazugeben. Mit dem Stabmixer fein pürieren, dabei nach und nach gerade so viel kaltes Wasser hinzufügen, dass eine streichfähige Masse entsteht.

Rote-Bete-Salat

Für den Salat die roten Beten klein würfeln (dabei zum Schutz vor Handverfärbungen Einmalhandschuhe tragen). Die Walnüsse grob hacken. Die Datteln entkernen und fein würfeln. Das Koriandergrün waschen, trocken schütteln, abzupfen und die Blätter grob hacken. Alle Zutaten in einer Schüssel mischen und mit Salz, Pfeffer, Zitronensaft und Öl marinieren.

Servieren

Das Baguette in 15 Scheiben schneiden und auf einem mit Backpapier ausgekleideten Backblech verteilen. Falls das Brot sehr trocken ist, ein wenig Wasser darüber sprühen. Die Baguettescheiben im auf 180 °C vorgeheizten Backofen (Ober/-Unterhitze) von jeder Seite 2–3 Minuten aufbacken, herausnehmen und lauwarm abkühlen lassen. Die Crostini mit Hummus bestreichen und jeweils 1 EL Rote-Bete-Salat daraufgeben.

TIPP
Statt Baguette schmecken auch Sesambrötchen oder Fladenbrot.

Geröstete Toastecken
mit Rote-Linsen-Creme

Für 12 Stück • Zubereitungszeit: ca. 45 Minuten

Für die Linsencreme
1 kleine Zwiebel
1 Knoblauchzehe
1 Stück frischer Ingwer (ca. 2 cm)
1 große rote Chilischote
1 EL Butterschmalz (oder 2 EL Rapskernöl)
100 g rote Linsen
200 ml Gemüsebrühe
½ TL gemahlene Kurkuma
Salz
1 EL Limettensaft
1 kleines Bund Koriandergrün

Zum Servieren
1 große Strauchtomate
6 altbackene Scheiben Toast

TIPP
Die Linsencreme schmeckt natürlich auch auf jedem anderen aufgebackenen Weizenbrot wie Baguette, Parisienne oder Ciabatta.

Linsencreme

Die Zwiebel und den Knoblauch abziehen, den Ingwer schälen und alles zusammen fein hacken. Die Chilischote längs halbieren, die Samen entfernen und die Hälften fein schneiden.

Das Butterschmalz in einem Topf erhitzen. Die Zwiebel, den Knoblauch, den Ingwer und die Chilischote darin bei mittlerer Temperatur 2–3 Minuten anbraten. Die Linsen dazugeben und 1 Minute unter Rühren mitbraten. Mit der Gemüsebrühe ablöschen, die Kurkuma hinzufügen und die Linsen zugedeckt unter gelegentlichem Umrühren bei schwacher Temperatur in etwa 12 Minuten weich kochen. Mit Salz und dem Limettensaft abschmecken und vollständig abkühlen lassen.

Das Koriandergrün waschen und trocken schütteln, einige Stängel für die Deko beiseitelegen. Vom Rest die Blätter abzupfen und grob hacken. Die Linsen mit dem Stabmixer nicht zu fein pürieren und den gehackten Koriander untermischen.

Servieren

Die Tomate waschen, halbieren, die Samen und den Stielansatz entfernen und die Hälften fein würfeln.

Die Toastscheiben nach Belieben entrinden und diagonal halbieren. Auf einem mit Backpapier ausgekleideten Backblech verteilen und von jeder Seite 2–3 Minuten im auf 200 °C vorgeheizten Backofen (Ober/-Unterhitze) aufbacken. Lauwarm abkühlen lassen, mit der Linsencreme bestreichen und mit Tomatenwürfeln und dem übrigen Koriandergrün garnieren.

Brotsticks
mit Curry-Mango-Dip

Für ca. 20 Stück • Zubereitungszeit: ca. 45 Minuten

Für den Curry-Mango-Dip
1 große reife Mango
1 Stück frischer Ingwer (4 cm)
1 Knoblauchzehe
1 große rote Chilischote
2 EL neutrales Pflanzenöl
1 gehäufter TL Currypulver
200 ml Kokosmilch
Salz
1–2 EL Limettensaft

Für die Brotsticks
ca. 400 g altbackenes Brot
2 Eier
100 ml Vollmilch
Salz
gemahlener Kardamom
3 EL geröstete weiße Sesamsaat
3 EL Kokosraspel

Curry-Mango-Dip

Die Mango schälen, das Fruchtfleisch vom Stein schneiden und fein pürieren. Den Ingwer schälen, den Knoblauch abziehen und beides fein hacken. Die Chilischote längs aufschneiden, die Samen entfernen und die Hälften fein hacken.

Das Öl in einem Topf erhitzen. Den Ingwer, den Knoblauch und die Chilischote 1 Minute anbraten. Das Currypulver dazugeben und kurz mitbraten. Das Mangopüree und die Kokosmilch angießen. Alles etwa 10 Minuten unter gelegentlichem Umrühren zugedeckt bei schwacher Temperatur einkochen lassen. Mit Salz und Limettensaft abschmecken und abkühlen lassen.

Brotsticks

Das Brot nach Belieben entrinden. Dann in etwa 2 cm dicke Scheiben und diese in 2 cm breite Streifen schneiden. Die Streifen in eine flache Schale legen. Die Eier und die Milch mit je 1 Prise Salz und Kardamom verquirlen und über die Brotstreifen gießen. Insgesamt 10 Minuten einweichen lassen, dabei die Brotstreifen nach der Hälfte der Zeit einmal wenden.

Die Hälfte der Brotstreifen von beiden Seiten mit Sesamsamen, die restlichen Brotstreifen mit Kokosraspeln bestreuen und mit etwas Abstand auf das mit Backpapier ausgekleidete Backblech legen. Die Brotsticks auf der mittleren Schiene im auf 200 °C vorgeheizten Backofen (Ober/-Unterhitze, Umluft 180 °C) 10–12 Minuten backen.

Servieren

Die Brotsticks lauwarm oder kalt zusammen mit dem Curry-Mango-Dip servieren.

Crostini
mit Ei-Garnelen-Creme

Für 20 Stück • Zubereitungszeit: ca. 30 Minuten

Für die Ei-Garnelen-Creme
- 3 Eier
- 1 TL geröstetes Sesamöl
- Salz
- frisch gemahlener schwarzer Pfeffer
- 2 EL Butter
- 250 g vorgegarte, geschälte Garnelen
- 1–2 Stängel Basilikum
- 50 g Frischkäse
- 200 g altbackenes Weißbrot

Ei-Garnelen-Creme

Die Eier in eine Schüssel aufschlagen, mit dem Sesamöl verquirlen und mit Salz und Pfeffer würzen. In einer beschichteten Pfanne ½ EL Butter schmelzen, die Eier hineingießen und unter Rühren bei schwacher Temperatur stocken lassen. Vom Herd nehmen und abkühlen lassen. 20 formschöne Garnelen beiseitelegen. Das Basilikum waschen, trocken schütteln, die Blätter abzupfen und fein schneiden. Das Rührei, die restlichen Garnelen und den Frischkäse in einem Mixbecher mit dem Stabmixer fein pürieren. Das Basilikum unterheben und die Creme mit Salz und Pfeffer abschmecken.

Die restliche Butter (1½ EL) schmelzen. Das Brot in 20 dünne Scheiben schneiden, auf einem mit Backpapier ausgekleideten Backblech verteilen und mit der flüssigen Butter betupfen. Im auf 180 °C vorgeheizten Backofen (Ober/-Unterhitze) von jeder Seite in 2–3 Minuten knusprig rösten. Herausnehmen und lauwarm abkühlen lassen.

Servieren

Die Crostini mit der Ei-Garnelen-Creme bestreichen und mit den beiseitegelegten Garnelen garnieren. Auf einer Platte anrichten und zum Aperitif (z. B. einem Glas Prosecco oder Crémant) reichen.

TIPP
Damit sehr trockenes Baguette beim Anschneiden nicht zerbröselt, vorher mit etwas Wasser besprühen, in eine Plastiktüte geben und verschlossen 1 Stunde ruhen lassen.

Bruschetta
mit Tomaten

Für 6 Stück • Zubereitungszeit: ca. 25 Minuten

Für die Bruschetta
- 400 g reife Strauchtomaten
- 6 Scheiben altbackenes Ciabatta (ca. 1 cm dick)
- 3 Knoblauchzehen
- 6 EL natives Olivenöl extra
- Meersalz
- frisch gemahlener schwarzer Pfeffer (optional)

Bruschetta

Die Tomaten auf der Blütenseite kreuzförmig einritzen, mit kochendem Wasser überbrühen, kalt abschrecken und häuten. Anschließend quer halbieren, die Samen und Stielansätze entfernen und das Fruchtfleisch fein würfeln. Die Brotscheiben auf einem mit Backpapier ausgekleideten Backblech verteilen und im auf 200 °C vorgeheizten Backofen (Ober/-Unterhitze) von jeder Seite in 3–4 Minuten goldbraun und knusprig rösten.

Den Knoblauch abziehen und die Zehen längs halbieren. Die Röstbrote damit einreiben und auf eine vorgewärmte Platte geben. Die Tomatenwürfel daraufgeben, das Olivenöl darüberträufeln und die Bruschette mit Meersalz und nach Belieben Pfeffer würzen.

Servieren

Die Bruschette zusammen mit gut gekühltem Rosé oder leichtem Rotwein servieren.

TIPP

Für die spanische Spezialität *pan amb oli* dicke altbackene Weißbrotscheiben rösten und wie beschrieben mit Knoblauch einreiben. Reife Tomaten quer halbieren und die Brote kräftig damit einreiben, sodass das aromatische Fruchtfleisch gut in die Brote eindringt. Mit Olivenöl beträufeln, mit etwas Meersalz bestreuen und nach Belieben mit dünn geschnittenem, luftgetrocknetem Schinken (Pata negra oder Serrano) belegen. Wie die Bruschette am besten warm servieren.

Röstbrot mit Avocadocreme und pochiertem Ei

Für 2 Personen • Zubereitungszeit: ca. 25 Minuten

Für die Avocadocreme
1 reife Avocado
1 EL Zitronensaft
1 kleine Knoblauchzehe
1 EL Olivenöl
Salz
frisch gemahlener schwarzer Pfeffer
Zucker

Für die pochierten Eier
3 EL Weißweinessig
2 sehr frische Eier

Zum Servieren
1 Minigurke
1 Beet Kresse
2 Scheiben altbackenes Brot
Salz
frisch gemahlener schwarzer Pfeffer

Avocadocreme

Die Avocado halbieren, den Kern entfernen und das Fruchtfleisch mit einem Esslöffel aus der Schale lösen. Das Avocadofleisch mit einer Gabel fein zerdrücken, dabei den Zitronensaft unterrühren. Den Knoblauch abziehen und durch eine Presse zur Avocado drücken. Das Olivenöl, je 1 kräftige Prise Salz und Pfeffer und 1 kleine Prise Zucker unterrühren.

Pochierte Eier

In einem Topf 500 ml Wasser aufkochen lassen und den Essig hinzufügen. Die Temperatur reduzieren, sodass das Essigwasser nur noch leicht siedet. Ein Ei in eine Tasse aufschlagen. Mit einer Gabel einen schnellen Wirbel ins Wasser zeichnen und das erste Ei hineingleiten lassen. Das gerinnende Eiweiß vorsichtig mit der Gabel um das Eigelb schlingen und das Ei 4–5 Minuten pochieren. Mit einem Schaumlöffel herausheben und auf einem Teller abtropfen lassen. Mit dem zweiten Ei ebenso verfahren.

Zum Servieren

Die Gurke waschen, längs halbieren und die Samen herauskratzen. Die Gurkenhälften fein würfeln. Die Kresse mit einer Schere vom Beet schneiden.

Die Brotscheiben toasten und dick mit der Avocadocreme bestreichen. Die Gurkenwürfelchen und die Kresse aufstreuen und jeweils 1 pochiertes Ei daraufsetzen. Etwas Salz und Pfeffer auf das Ei geben und die Röstbrote sofort warm servieren.

TIPP
Für etwas mehr Würze statt der Kresse Chiliflocken und 1 EL fein gehacktes Koriandergrün unter die Avocadocreme rühren.

Dreierlei Pizzabrötchen

Für je 4 Stück • Zubereitungszeit: ca. 15 Minuten plus 10–12 Minuten Backzeit

Für Pizzabrötchen Tomate-Mozzarella

2 Strauchtomaten
3–4 Stängel Basilikum
125 g Mozzarella
1 EL Pinienkerne
Salz
frisch gemahlener schwarzer Pfeffer

Für Pizzabrötchen Thunfisch-Kapern

1 Dose Thunfisch (in Öl)
1–2 EL eingelegte kleine Kapern (Konserve)
1 kleine gelbe Paprikaschote
2–3 Zweige Thymian
125 g Mozzarella
Salz
frisch gemahlener schwarzer Pfeffer

Für Pizzabrötchen Schinken-Mais

2 EL vorgegarte Maiskörner (Konserve)
80 g gekochter Schinken (in Scheiben)
1 große rote Chilischote
1 Frühlingszwiebel
125 g Mozzarella
Salz

Fertigstellung

6 altbackene Brötchen
12 TL Olivenöl

Pizzabrötchen Tomate-Mozzarella

Die Tomaten waschen, quer halbieren, Samen und Stielansätze entfernen und die Hälften fein würfeln. Das Basilikum waschen, trocken schütteln, abzupfen und die Blätter fein schneiden. Den Mozzarella abtropfen lassen und fein würfeln. Alles in einer Schüssel mischen, die Pinienkerne hinzufügen und alles mit Salz und Pfeffer würzen.

Pizzabrötchen Thunfisch-Kapern

Den Thunfisch und die Kapern in einem Sieb abtropfen lassen. Die Paprikaschote putzen, waschen und klein würfeln. Den Thymian waschen, trocken schütteln, die Blättchen abstreifen und hacken. Den Mozzarella abtropfen lassen und fein würfeln. Alles in einer Schüssel mischen und mit Salz und Pfeffer würzen.

Pizzabrötchen Schinken-Mais

Den Mais in einem Sieb abtropfen lassen. Den Schinken in feine Streifen schneiden. Die Chilischote längs aufschneiden, die Samen entfernen und die Hälften fein schneiden. Die Frühlingszwiebel putzen, waschen und in feine Ringe schneiden. Den Mozzarella abtropfen lassen und fein würfeln. Alles in einer Schüssel mischen und leicht salzen.

Fertigstellung

Die Brötchen aufschneiden. Die verschiedenen Beläge jeweils auf vier Brötchenhälften portionieren und mit den Händen etwas festdrücken. Die Pizzabrötchen auf einem mit Backpapier ausgekleideten Backblech verteilen und das Öl darüberträufeln. Die Pizzabrötchen auf der oberen Schiene im auf 200 °C vorgeheizten Backofen (Ober/-Unterhitze, Umluft 180 °C) 10–12 Minuten überbacken, bis der Mozzarella schmilzt und die Oberfläche leicht gebräunt ist.

Servieren

Die Pizzabrötchen frisch aus dem Ofen servieren.

Grilled Cheese
mit Blattspinat und Pilzen

Für 2 Personen • Zubereitungszeit: ca. 25 Minuten

Für den Spinat und die Pilze
150 g Babyspinat
2 EL Olivenöl
Salz
frisch gemahlener schwarzer Pfeffer
frisch geriebene Muskatnuss
150 g gemischte Pilze (z. B. Steinpilze, Pfifferlinge, Kräutersaitlinge)
2–3 Zweige frischer Thymian
1 Knoblauchzehe

Fertigstellung
4 Scheiben altbackener American Toast
4 Scheiben junger Gouda

TIPP
Sehr trockene Toastscheiben mit wenig Wasser besprühen oder betupfen, in eine Plastiktüte geben und verschlossen 10 Minuten ruhen lassen. Grilled Cheese kann auch in einem Sandwichtoaster oder Kontaktgrill zubereitet werden. Die Toastbrote dann leicht buttern und nur je eine Scheibe Käse verwenden.

Spinat und Pilze

Den Spinat waschen, verlesen und in einem Sieb abtropfen lassen. In einer Pfanne 1 EL Öl erhitzen. Den Spinat darin zusammenfallen lassen. Mit Salz, Pfeffer und 1 kleinen Prise Muskat würzen.

Die Pilze trocken abreiben, putzen und gegebenenfalls etwas zerkleinern. Den Thymian waschen, trocken schütteln, die Blättchen abstreifen und fein hacken. Den Knoblauch abziehen und fein hacken. Das restliche Öl (1 EL) in einer Pfanne erhitzen und die Pilze darin 2–3 Minuten bei starker Temperatur anbraten. Den Knoblauch und den Thymian hinzufügen, kurz mitbraten und mit Salz und Pfeffer würzen. Anschließend den Spinat ausdrücken und unter die Pilze mischen.

Fertigstellung

Die Toastscheiben nach Belieben entrinden und kurz hell toasten. Dann auf einem mit Backpapier ausgekleideten Backblech verteilen. Die Spinat-Pilz-Mischung auf zwei der Scheiben verteilen und mit je einer Scheibe Käse abdecken. Die übrigen Toasts mit den restlichen Käsescheiben belegen. Die Toastscheiben im auf 200 °C vorgeheizten Backofen (Ober/-Unterhitze) 4–5 Minuten überbacken, bis der Käse schmilzt.

Servieren

Die Spinat-Pilz-Toasts mit den Käsetoasts (Käseseite nach unten) abdecken, leicht zusammendrücken und mit einem scharfen Messer diagonal halbieren. Heiß servieren.

Parmesan-Eier im Toastbrotkörbchen

Für 2 Stück • Zubereitungszeit: ca. 10 Minuten plus 15–20 Minuten Backzeit

Für die Parmesan-Eier
- 2 Scheiben altbackener American Toast (nach Belieben klassisch oder Vollkorn)
- 2 EL weiche Butter plus etwas mehr für die Formen
- 2 TL Brotbrösel (siehe Seite 9)
- 2 EL frisch geriebener Parmesan
- 2 Eier
- Salz
- frisch gemahlener schwarzer Pfeffer

Zum Servieren
- gemischter Salat

Parmesan-Eier

Sehr trockene Toastscheiben mit wenig Wasser besprühen oder betupfen, in eine Plastiktüte geben und verschlossen 10 Minuten ruhen lassen.

Zwei Auflaufförmchen (ca. 8 cm Ø) oder ofenfeste Tassen mit wenig Butter ausstreichen und mit Brotbröseln auskleiden. Die Toastscheiben mit der Butter bestreichen und in die Formen drücken. Die Hälfte des geriebenen Parmesans einstreuen.

Jeweils ein Ei vorsichtig hineinschlagen, mit Salz und Pfeffer würzen und den restlichen Parmesan (1 EL) darüberstreuen. Die Parmesan-Eier im auf 200 °C vorgeheizten Backofen (Ober/-Unterhitze) nach Wunsch 15 (flüssiger Kern) bzw. 20 Minuten (wachsweiches Ei) backen.

Vor dem Servieren die Toastbrotkörbchen aus den Formen lösen.

Servieren

Den Salat auf die Teller verteilen und die Parmesan-Eier daraufsetzen.

TIPP
Für eine mediterrane Variante 2 in Öl eingelegte, abgetropfte getrocknete Tomaten und 4 entsteinte schwarze Oliven fein hacken und mit 1 Prise getrocknetem Thymian würzen. Für mehr Würze können auch scharfe Brotbrösel (siehe Seite 9) verwendet werden. Eine herzhafte Variante ergibt die Verwendung von Schinkenstreifen und jungem Gouda.

Tassenhackbraten
mit Oliven und Frühlingszwiebeln

Für 4 Personen • Zubereitungszeit: ca. 20 Minuten plus 30 Minuten Backzeit

Für den Tassenhackbraten

- 120 g altbackenes Weißbrot
- 2–3 Frühlingszwiebeln
- 1 Knoblauchzehe
- 80 g grüne Oliven (ohne Stein)
- 4 getrocknete Tomaten (in Öl)
- 500 g gemischtes Hackfleisch (Rind und Schwein)
- 1 TL mittelscharfer Senf
- ½ TL getrockneter Oregano
- Salz
- frisch gemahlener schwarzer Pfeffer
- etwas Tomatenöl

Zum Servieren

- knusprig aufgebackene Weißbrotscheiben

Tassenhackbraten

Das Weißbrot 10 Minuten in kaltem Wasser einweichen. Die Frühlingszwiebeln putzen, waschen und fein schneiden. Den Knoblauch abziehen und fein hacken. Die Oliven in Ringe schneiden. Die Tomaten gut abtropfen lassen und fein würfeln.

Das Weißbrot gut ausdrücken und fein zerzupft zusammen mit dem Hackfleisch in eine Schüssel geben. Die Frühlingszwiebeln, den Knoblauch, die Oliven, die Tomaten, den Senf und den Oregano hinzufügen. Mit Salz und Pfeffer würzen und alles zu einem homogenen Fleischteig verkneten. Den Fleischteig in vier Portionen aufteilen und diese zu Kugeln formen.

Vier ofenfeste Tassen mit dem Einlegeöl der getrockneten Tomaten ausreiben und je eine Kugel hineinlegen.

Die Tassen auf ein Backblech stellen und die Tassenhackbraten auf der mittleren Schiene etwa 30 Minuten im auf 200 °C vorgeheizten Backofen (Ober-/Unterhitze, Umluft 180 °C) backen.

Servieren

Die Tassenhackbraten mit dem Weißbrot servieren.

TIPP

Statt Weißbrot kann auch Laugengebäck oder Vollkornbaguette verwendet werden. Der Oregano kann nach Belieben durch Thymian ersetzt werden.
Alternativ können kleinere Fleischteigkugeln auch in Cocotte- oder Muffinformen gebacken werden. Die Backzeit reduziert sich dann auf etwa 20 Minuten.

Erbsen-Brot-Püree
mit Räuchermakrele und Rettichsalat

Für 4 Personen • Zubereitungszeit: ca. 45 Minuten

Für das Erbsen-Brot-Püree
120 g altbackenes Weißbrot
80 g flüssige Sahne
250 g Erbsen (TK-Produkt)
2 Schalotten
1 Knoblauchzehe
1 EL Butter
100 ml Gemüsebrühe
Salz
frisch gemahlener schwarzer Pfeffer
frisch geriebene Muskatnuss
etwas Abrieb von 1 unbehandelten Zitrone

Für den Rettichsalat
2 EL Kürbiskerne
250 g weißer Rettich
Salz
1 EL Zitronensaft
2 EL Rapskernöl

Zum Servieren
250 g Räuchermakrelenfilets

Erbsen-Brot-Püree

Das Brot würfeln, in einer Schale mit der Sahne beträufeln und 30 Minuten einweichen. Die Erbsen antauen lassen. Die Schalotten und den Knoblauch abziehen und fein würfeln. Die Butter in einer Pfanne schmelzen und die Schalotten und den Knoblauch glasig andünsten. Die Erbsen dazugeben und zugedeckt 2–3 Minuten dünsten. Mit der Gemüsebrühe ablöschen, aufkochen lassen und mit Salz und Pfeffer würzen.

Das eingeweichte Brot und die Erbsen mit dem Kochsud in einen hohen Mixbecher geben und fein pürieren. Das Erbsen-Brot-Püree mit Salz, Pfeffer, Muskatnuss und dem Zitronenabrieb würzig abschmecken.

Rettichsalat

Die Kürbiskerne in einer beschichteten Pfanne ohne Fettzugabe rösten und abkühlen lassen. Den Rettich schälen und in dünne Scheiben hobeln. Mit Salz bestreuen und 10 Minuten ziehen lassen. Dann gut ausdrücken und mit Zitronensaft und Rapskernöl marinieren. Die Kürbiskerne grob hacken und unter den Rettichsalat heben.

Servieren

Die Räuchermakrelenfilets rechtzeitig aus dem Kühlschrank nehmen, damit sie Zimmertemperatur annehmen. Dann die Haut abziehen, gegebenenfalls auf Gräten kontrollieren und die Filets etwas zerpflücken.

Das Erben-Brot-Püree auf den Tellern ausstreichen und die Makrelenstücke darauflegen. Den Rettichsalat daneben anrichten.

Brottorte
mit Räucherlachs

Für eine Springform mit 24 cm Ø, ergibt 10 Stücke • Zubereitung 40 Minuten plus mind. 2½ Stunden Kühlzeit

Für die Brottorte
200 g altbackenes Brot (z. B. Weißbrot, Nussbrot, entrindetes Mischbrot)
100 g Butter
200 g Räucherlachs
1 Bund Dill
2 sehr frische Eiweiß
300 g Frischkäse
1 EL mittelscharfer Senf
1 EL flüssiger Honig
1 unbehandelte Zitrone
Salz
frisch gemahlener schwarzer Pfeffer
2 Blätter weiße Gelatine
1 Minigurke

Brottorte
Das Brot würfeln und in einem Standmixer nicht zu fein zerkleinern. Die Brotbrösel in einer beschichteten Pfanne ohne Fett bei schwacher Temperatur rösten. Vom Herd nehmen und vollständig abkühlen lassen. Eine Springform mit Backpapier auskleiden.

Die Butter schmelzen und mit den Brotbröseln mischen. Die Brotmasse in die Form drücken und dabei einen kleinen Rand formen. Die Form 30 Minuten kalt stellen.
Die Hälfte der Lachsscheiben als Garnitur beiseitelegen. Den Rest fein schneiden. Den Dill waschen, eine Hälfte zum Frischhalten in angefeuchtetes Küchenpapier wickeln und in den Kühlschrank legen. Vom übrigen Dill die Spitzen abzupfen und fein hacken.

Das Eiweiß steif schlagen. Den Frischkäse mit dem gehackten Dill, dem geschnittenen Lachs, dem Senf und dem Honig verrühren. Etwas Zitronenschale darüberreiben und alles mit Salz und Pfeffer würzen.

Die in kaltem Wasser eingeweichte Gelatine in einem Topf bei niedriger Temperatur schmelzen. 1 EL Lachscreme unterrühren, dann die Mischung unter die gesamte Frischkäsecreme rühren. Den Eischnee unterheben. Die Masse auf dem Brotboden verteilen und glatt streichen. Zugedeckt mindestens 2 Stunden kalt stellen.

Vor dem Servieren die Minigurke nach Belieben gründlich waschen oder schälen und in dünne Scheiben schneiden. Die als Garnitur beiseitegelegten Dillzweige und Lachsscheiben etwas zerkleinern. Die Torte damit garnieren. Die Brottorte aus der Form lösen und in Stücke aufschneiden.

Servieren

Die Brottortenstücke auf Desserttellern anrichten und mit Bier oder trockenem Weißwein servieren.

Knoblauchbaguette

Für 1 Baguette • Zubereitungszeit: ca. 10 Minuten plus 15–20 Minuten Backzeit

Für das Knoblauchbaguette

- 1 Bund glatte Petersilie
- 2 Knoblauchzehen
- 1 unbehandelte Zitrone
- 100 g weiche Butter
- Salz
- frisch gemahlener schwarzer Pfeffer
- 1 altbackenes Baguette

Knoblauchbaguette

Die Petersilie waschen, trocken schütteln, abzupfen und die Blätter fein schneiden. Den Knoblauch abziehen und fein hacken. Die Zitrone heiß abwaschen, abtrocknen und die Schale mit einem Zestenreißer in feinen Spänen abziehen. Alles zusammen fein hacken und unter die weiche Butter rühren. Mit Salz und Pfeffer würzen.

Das Baguette im Abstand von ca. 1 cm schräg nur so tief einschneiden, dass es unten noch gut zusammenhält. Die Knoblauchbutter in die Einschnitte streichen.

Das Knoblauchbaguette in Backpapier wickeln und auf den Backrost legen. Auf der mittleren Schiene im auf 180 °C vorgeheizten Backofen (Ober-/Unterhitze, Umluft 160 °C) etwa 10 Minuten backen. Dann das Backpapier öffnen und das Baguette in weiteren 5–10 Minuten schön knusprig backen.

TIPP
Die Petersilie durch 1 Bund Estragon ersetzen. Außerdem 5 g getrocknete Steinpilze im Blitzhacker zu Pulver verarbeiten und mit Knoblauch und Zitronenschale unter die Butter rühren. Das Baguette wie beschrieben damit zubereiten.

Zupfbrot mit Basilikum-Rucola-Pesto und Fontina

Für 6–8 Personen • Zubereitungszeit: ca. 25 Minuten plus 25 Minuten Backzeit

Für das Zupfbrot
2 EL Pinienkerne
30 g Parmesan
2 Bund Basilikum
1 Bund Rucola
1 Knoblauchzehe
10 EL Olivenöl
Salz
frisch gemahlener schwarzer Pfeffer
300 g Fontina
1 altbackenes Parisienne oder großes Baguette

Zupfbrot

Die Pinienkerne in einer beschichteten Pfanne ohne Fettzugabe bei niedriger Temperatur rösten und abkühlen lassen. Den Parmesan reiben.

Das Basilikum und den Rucola waschen, in einem Sieb abtropfen lassen und die groben Stiele entfernen. Den Knoblauch abziehen und fein schneiden. Die Kräuter, den Knoblauch, das Olivenöl und je 1 Prise Salz und Pfeffer in einem Mixbecher mit dem Pürierstab fein pürieren. Die Pinienkerne grob hacken und mit dem geriebenen Parmesan unterrühren.

Das Brot im Abstand von etwa 3 cm schräg nur so tief einschneiden, dass es unten noch gut zusammenhält. Das Pesto in die Schnitte streichen. Dann das Brot entgegengesetzt mit diagonalen Schnitten versehen, so dass eine gitterartige Struktur entsteht. Den Käse in dünne Scheiben schneiden und in die Zwischenräume stecken.

Ein großes Blatt Backpapier auf den Backrost legen und das Brot darin verpacken. Das Zupfbrot auf der mittleren Schiene im auf 180 °C vorgeheizten Backofen (Ober-/Unterhitze, Umluft 160 °C) 15 Minuten backen. Dann das Päckchen oben öffnen und das Brot in etwa 10 Minuten knusprig backen.

Servieren

Das Zupfbrot frisch aus dem Ofen zu gut gekühltem Rosé oder leichtem Rotwein servieren.

TIPP
Fontina ist ein milder, zart schmelzender italienischer Weichkäse. Alternativ kann abgetropfter und in Scheiben geschnittener Mozzarella verwendet werden.

Zupfbrot
mit Apfel, Birne und Bergkäse

Für 8–12 Personen • Zubereitungszeit: ca. 20 Minuten plus 30 Minuten Backzeit

Für das Zupfbrot
1 säuerlicher Apfel (z. B. Braeburn)
1 feste Birne
2 EL Zitronensaft
frisch gemahlener schwarzer Pfeffer
300 g Bergkäse (in Scheiben)
1 runder altbackener Mischbrotlaib (ca. 1 kg)
2 Frühlingszwiebeln
1 EL mittelscharfer Senf
120 g weiche Butter

Zupfbrot

Den Apfel und die Birne schälen, vom Kerngehäuse befreien und in schmale Spalten schneiden. Mit dem Zitronensaft beträufeln und leicht pfeffern. Den Käse in breite Streifen schneiden.

Das Brot im Abstand von etwa 2 cm schräg nur so tief einschneiden, dass es unten noch gut zusammenhält. Die Käsestreifen und die Obstspalten in die Zwischenräume stecken.

Die Frühlingszwiebeln putzen, waschen und fein schneiden. Mit dem Senf unter die Butter rühren und das Brot damit bestreichen.

Ein großes Blatt Backpapier auf den Backrost legen und das Brot darin verpacken. Das Zupfbrot auf der mittleren Schiene im auf 180 °C vorgeheizten Backofen (Ober-/Unterhitze, Umluft 160 °C) 20 Minuten backen. Dann das Päckchen oben öffnen und das Brot in etwa 10 Minuten knusprig backen.

Servieren

Das Zupfbrot frisch aus dem Ofen zu fruchtigem Weißwein oder Bier servieren.

TIPP
Zum Schneiden zu trockenes Brot wird weicher, wenn es mit Wasser besprüht, in Backpapier gewickelt und etwa 20 Minuten im auf 100 °C vorgeheizten Backofen (Ober-/Unterhitze) gebacken wird.

SUPPEN & SALATE

Zuppa Pavese und Sopa de Pão, Fattoush und Panzanella – Brotsuppen und Brotsalate zur sparsamen Resteverwertung gibt es in vielen Länderküchen. Das gezupfte oder gewürfelte Brot wird geröstet und zu neuen schmackhaften Gerichten verwandelt – Nachhaltigkeit kann so einfach sein. Auf den folgenden Seiten finden Sie die besten Varianten aus aller Welt, dazu ein paar aparte Neukreationen wie Fischsuppe mit Orangen-Fenchel-Croûtons oder Brot-Spargel-Salat mit Kerbelmayonnaise.

Zuppa Pavese

Für 2 Personen • Zubereitungszeit: ca. 30 Minuten

Für die Zuppa Pavese
1–2 Karotten
1 dünne Stange Lauch
1 Stange Staudensellerie
2 Knoblauchzehen (optional)
5 EL Olivenöl
Salz
frisch gemahlener schwarzer Pfeffer
100 ml trockener Weißwein
400 ml Rinderfond
2 Scheiben altbackenes Weißbrot

Zum Servieren
½ Bund glatte Petersilie
30 g Parmesan
2 sehr frische Eier

Zuppa Pavese

Die Karotten schälen und in feine Stifte schneiden. Die hellen Anteile des Lauchs längs aufschneiden, gründlich waschen und in dünne Streifen schneiden. Den Sellerie putzen, waschen, gegebenenfalls die Fäden abziehen und die Stangen in dünne Streifen schneiden. Nach Belieben Eine Knoblauchzehe abziehen und fein hacken.

In einem Topf 2 EL Öl erhitzen und das Gemüse und den Knoblauch darin 2 Minuten unter Rühren andünsten. Mit Salz und Pfeffer würzen, mit dem Wein ablöschen und mit dem Fond aufgießen. 10 Minuten zugedeckt bei mittlerer Temperatur köcheln lassen. Vor dem Servieren die Suppe noch einmal mit Salz und Pfeffer abschmecken.

Das übrige Öl (3 EL) in einer Pfanne erhitzen und die Brotscheiben darin von beiden Seiten bei mittlerer Temperatur rösten. Nach Belieben die restliche Knoblauchzehe mit der flachen Seite eines großen Messers zerquetschen und zum Aromatisieren mit in die Pfanne geben.

Servieren

Die Petersilie waschen, trocken schütteln, abzupfen und die Blätter fein schneiden. Den Parmesan reiben. Die frisch gerösteten Brotscheiben in einen vorgewärmten tiefen Teller legen und je ein rohes Ei daraufgleiten lassen. Die sehr heiße Suppe darüber schöpfen. Die Petersilie und den Parmesan darüberstreuen.

TIPP
Alternativ kann man auch pochierte Eier verwenden (siehe Rezept »Röstbrot mit Avocadocreme und pochiertem Ei«, Seite 28).

Sopa de Pão com Ovo

Für 4 Personen • Zubereitungszeit: ca. 35 Minuten

Für die Sopa de Pão com Ovo
300 g altbackenes Bauernbrot
2 EL Butter
2 EL Olivenöl
2–3 Knoblauchzehen
1 Bund Koriandergrün
1 l Hühnerbrühe
2 EL Zitronensaft
4 sehr frische Eier
Salz
frisch gemahlener schwarzer Pfeffer

Zum Servieren
2 EL Olivenöl

Sopa de Pão com Ovo

Das Brot nach Belieben entrinden und in mundgerechte Stücke zupfen. Die Butter und das Öl in einer großen Pfanne erhitzen und das Brot darin unter regelmäßigem Wenden knusprig rösten.

Den Knoblauch abziehen und fein hacken. Das Koriandergrün waschen, trocken schütteln, die groben Stiele entfernen, den Rest fein hacken. Beides unter das Brot rühren und 1–2 Minuten mitrösten, dabei darauf achten, dass der Knoblauch nicht verbrennt.

Die Hühnerbrühe erhitzen und den Zitronensaft hinzufügen. Die Temperatur reduzieren, sodass die Brühe nur noch leicht siedet. Ein Ei in eine Tasse aufschlagen. Mit einer Gabel einen schnellen Wirbel in die Brühe zeichnen und das erste Ei hineingleiten lassen. Das gerinnende Eiweiß vorsichtig mit der Gabel um das Eigelb schlingen und das Ei 4–5 Minuten pochieren. Mit einem Schaumlöffel herausheben und auf einem Teller abtropfen lassen. Mit den restlichen Eiern ebenso verfahren.

Servieren

Das geröstete Brot auf die vorgewärmten tiefen Teller oder Schalen verteilen und mit der heißen Hühnerbrühe auffüllen. Jeweils ein pochiertes Ei daraufsetzen und etwas Pfeffer darübermahlen. Je ½ EL Olivenöl darüberträufeln.

TIPP
Für die einfache bäuerliche Version der portugiesischen Sopa de Pão com Ovo werden die Eier in einer Schüssel mit einer kleinen Schöpfkelle heißer Hühnerbrühe verquirlt. Die Eiermischung unter Rühren in die leicht siedende Brühe einlaufen lassen.

Gratinierte Käse-Brot-Suppe
mit Knusperbacon

Für 4 Personen • Zubereitungszeit: ca. 30 Minuten

Für die Käsesuppe
250 g Lauch
2 Zwiebeln
1 Knoblauchzehe
1 EL Butterschmalz
Salz
frisch gemahlener schwarzer Pfeffer
100 ml trockener Weißwein
400 ml Fleisch- oder Gemüsebrühe
100 g Schmelzkäse
120 g geriebener Bergkäse
100 g Crème fraîche
frisch geriebene Muskatnuss

Für die Röstbrotwürfel und den Knusperbacon
100 g altbackenes Weißbrot
6 Scheiben Bacon (ca. 80 g)

Käsesuppe

Die hellen Anteile des Lauchs längs aufschneiden, gründlich waschen und in feine Streifen schneiden. Die Zwiebeln und den Knoblauch abziehen und fein hacken.

Das Butterschmalz in einem Topf erhitzen. Den Lauch, die Zwiebeln und den Knoblauch darin 2–3 Minuten anbraten und mit Salz und Pfeffer würzen. Mit dem Weißwein und der Brühe ablöschen und die Suppe zum Kochen bringen. Den Schmelzkäse, die Hälfte des Bergkäses und die Crème fraîche unterrühren und die Suppe unter gelegentlichem Umrühren bei schwacher Temperatur zugedeckt etwa 10 Minuten köcheln lassen. Die Käsesuppe nach Belieben mit einem Stabmixer pürieren und mit Salz, Pfeffer und 1 Prise Muskat würzig abschmecken.

Röstbrotwürfel und Knusperbacon

Das Brot entrinden und klein würfeln. Den Bacon in eine kalte Pfanne legen, erhitzen und von beiden Seiten knusprig ausbraten. Dann die Knusperbaconscheiben zum Abtropfen auf Küchenpapier legen. Die Brotwürfel im Speckfett knusprig rösten.

Fertigstellung

Die Käsesuppe auf vier ofenfeste Suppenschalen verteilen. Die gerösteten Brotwürfel daraufgeben und den restlichen Bergkäse (etwa 60 g) aufstreuen. Unter dem auf Grillstufe vorgeheizten Backofengrill 5–6 Minuten gratinieren.

Servieren

Den Bacon in Stückchen zerbröseln und vor dem Servieren auf die Suppe streuen.

Pilzcremesuppe
mit Thymian-Knoblauch-Croûtons

Für 2 Personen • Zubereitungszeit: ca. 25 Minuten

Für die Pilzcremesuppe
- 3 g getrocknete Steinpilze
- 300 g frische Champignons oder Egerlinge
- 2 Schalotten
- 1 EL Butterschmalz
- 250 ml Gemüsebrühe
- 100 g flüssige Sahne
- Salz
- frisch gemahlener schwarzer Pfeffer
- 1–2 TL Zitronensaft

Für die Thymian-Knoblauch-Croûtons
- 60 g altbackenes Bauernbrot
- 4–5 Zweige Thymian
- 1 kleine Knoblauchzehe
- 1 TL Butter

Pilzcremesuppe

Die getrockneten Pilze in einem Schälchen mit warmem Wasser bedecken und 10 Minuten einweichen. Die frischen Pilze putzen und in Scheiben schneiden. Die Schalotten abziehen und fein schneiden.

Das Butterschmalz in einem Topf erhitzen und die Pilze darin 2–3 Minuten scharf anbraten. 2 EL davon herausnehmen und als Garnitur beiseitestellen. Die eingeweichten Pilze ausdrücken, dabei das Einweichwasser beiseitestellen, die Pilze fein hacken und mit den Schalotten in den Topf geben. Unter Rühren kurz mitbraten, dann mit dem beiseitegestellten Pilzeinweichwasser ablöschen und einkochen lassen. Die Gemüsebrühe sowie die Sahne angießen und alles mit Salz und Pfeffer würzen. Die Suppe aufkochen und 10 Minuten zugedeckt bei schwacher Temperatur köcheln lassen. Vor dem Servieren mit einem Stabmixer fein pürieren und mit Salz, Pfeffer und Zitronensaft abschmecken.

Thymian-Knoblauch-Croûtons

Das Brot nach Belieben entrinden und in kleine Würfel schneiden. Den Thymian waschen, trocken schütteln, die Blättchen abstreifen und hacken. Den Knoblauch abziehen. Die Brotwürfel in einer beschichteten Pfanne unter gelegentlichem Wenden anrösten. Die Butter und den Thymian dazugeben, den Knoblauch durch eine Presse dazudrücken. 1–2 Minuten unter Wenden weiterbraten und dann beiseitestellen.

Servieren

Die Suppe auf die vorgewärmten Schalen oder tiefe Teller verteilen. Mit den beiseitegelegten Pilzen und den Thymian-Knoblauch-Croûtons garnieren.

TIPP

Zusammen mit den eingeweichten Pilzen 1 gehackte Knoblauchzehe zur Suppe geben und am Ende 2 EL gehackte glatte Petersilie unterrühren. Statt der Croûtons Estragon-Crostini zur Suppe servieren: Dazu 6–8 dünne Scheiben altbackenes Baguette mit einer Mischung aus 30 g weicher Butter, 1 EL fein gehackten Estragonblättern und je 1 Prise Salz und Pfeffer bestreichen und auf einem Backblech verteilt im auf 200 °C vorgeheizten Backofen (Ober-/Unterhitze) knusprig rösten.

Fenchel-Fisch-Suppe
mit Orangen-Fenchel-Croûtons

Für 4 Personen • Zubereitungszeit: ca. 30 Minuten

Für die Fenchel-Fisch-Suppe
2 Fenchelknollen (à ca. 150 g)
2 Schalotten
2 EL Butter
3 EL Anisschnaps (z. B. Pernod, optional)
600 ml Fischfond
400 g frisches, küchenfertiges Kabeljaufilet
2 unbehandelte Orangen
Salz
frisch gemahlener schwarzer Pfeffer

Für die Orangen-Fenchel-Croûtons
1 TL Fenchelsamen
100 g altbackenes Weißbrot
2 EL Butter
Zesten von 1 unbehandelten Orange
Salz

Fenchel-Fisch-Suppe

Den Fenchel waschen, das Grün abschneiden und als Garnitur beiseitelegen. Die Knollen längs halbieren, den Strunk entfernen und den Rest in feine Spalten schneiden. Die Schalotten abziehen und fein hacken.

In einem Topf die Butter bei mittlerer Temperatur erhitzen. Die Schalotten und den Fenchel andünsten. Gegebenenfalls mit dem Anisschnaps ablöschen und den Fischfond angießen. Die Suppe aufkochen und 10 Minuten bei mittlerer Temperatur köcheln lassen.

Den Fisch kalt abwaschen, abtrocknen, auf Gräten kontrollieren und in Würfel schneiden. Die Suppe salzen, die Fischstücke einlegen und in 2–3 Minuten bei schwacher Temperatur gar ziehen lassen. Die Orangen filetieren, das Fruchtfleisch fein würfeln und zur Suppe geben. Alles nochmals gut erhitzen und mit Salz und Pfeffer abschmecken.

Orangen-Fenchel-Croûtons

Die Fenchelsamen im Mörser zerstoßen. Das Brot in etwa 1 cm große Würfel schneiden. Die Butter in einer Pfanne erhitzen und die Brotwürfel darin goldbraun und knusprig braten. Die zerstoßenen Fenchelsamen, die Orangenzesten und 1 Prise Salz dazugeben und durchschwenken.

Servieren

Die Suppe auf vorgewärmte Schalen oder tiefe Teller verteilen. Die Orangen-Fenchel-Croûtons und das grob gehackte Fenchelgrün daraufstreuen.

Fattoush
mit Granatapfel und Minze

Für 4 Personen • Zubereitungszeit: ca. 30 Minuten plus 60 Minuten Back-/Kühl- bzw. Marinierzeit

Für den Fattoush
150 g altbackenes Weißbrot (z. B. Fladenbrot, Baguette, Ciabatta)
8 EL Olivenöl
2 Salatgurken
4 Tomaten
1 rote Zwiebel
1 Granatapfel
4–5 Stängel frische Minze
Salz
frisch gemahlener schwarzer Pfeffer
2–3 EL Zitronensaft
1 TL gemahlener Sumach

Fattoush

Das Brot in dünne Scheiben schneiden, diese in mundgerechte Stücke zerpflücken und auf einem mit Backpapier ausgekleideten Backblech verteilen. 4 EL Olivenöl darübersprenkeln und das Brot auf der mittleren Schiene im auf 180 °C vorgeheizten Backofen (Ober-/Unterhitze, Umluft 160 °C) in 10–12 Minuten knusprig rösten, dabei einmal wenden.

Die Gurken schälen, längs halbieren, die Samen herauskratzen und die Hälften in Halbmonde schneiden. Die Tomaten waschen, halbieren, den Stielansatz entfernen und die Hälften in dicke Scheiben schneiden. Die Zwiebel abziehen und in Ringe schneiden.

Das Brot aus dem Ofen nehmen und lauwarm abkühlen lassen. Aus dem Granatapfel oben die Krone herausschneiden und die Frucht in zwei Hälften brechen. Die Granatapfelkerne über einer Schüssel herauslösen und die harten weißen Trennwände aussortieren. Die Minze waschen, trocken schütteln und die Blätter abzupfen.

Das geröstete Brot mit den Gurken, den Tomaten und den Minzblättern auf einer Platte anrichten. Die Zwiebelringe und die Granatapfelkerne darüberstreuen. Mit Salz und Pfeffer würzen. Den Zitronensaft und das restliche Olivenöl (4 EL) darüberträufeln und den Sumach aufstreuen. Den Salat etwa 30 Minuten marinieren lassen.

TIPP
Mit geröstetem Roggenbaguette erhält man eine etwas herzhaftere Variante.

Panzanella
mit Kirschtomaten und Artischocken

Für 4 Personen • Zubereitungszeit: ca. 30 Minuten

Für die Panzanella
250 g Kirschtomaten
6 EL Olivenöl
Salz
½ TL Zucker
1 TL getrockneter Thymian
150 g altbackenes Weißbrot (z. B. Ciabatta)
1 Glas Artischockenherzen (in Öl)
1 Bund Rucola
2–3 Stängel Basilikum
1 kleiner Romanasalat
1 weiße Zwiebel
1 Knoblauchzehe
frisch gemahlener schwarzer Pfeffer
2 EL Rotweinessig

Zum Servieren
Parmesanspäne (optional)

Panzanella

Die Kirschtomaten waschen und die Stielansätze mit einem spitzen Messer herausschneiden. In einer Pfanne 2 EL Olivenöl erhitzen und die Tomaten anbraten. Mit 1 kräftigen Prise Salz, ½ TL Zucker würzen und den Thymian darüberstreuen. Alles in 2–3 Minuten bei mittlerer Temperatur karamellisieren lassen, die Pfanne gelegentlich rütteln. Vom Herd nehmen und lauwarm abkühlen lassen. Nach Belieben die Tomatenhäutchen abziehen und verwerfen.

Das Brot würfeln und in einer Pfanne ohne Fett knusprig rösten. Die Artischocken abtropfen lassen und vierteln. Den Rucola und das Basilikum waschen, trocken schütteln, die Stiele entfernen und die Blätter zerzupfen. Den Romanasalat putzen, waschen, abtropfen lassen und in mundgerechte Stücke zupfen. Die Zwiebel abziehen, längs teilen und in feine Spalten schneiden. Die Knoblauchzehe längs halbieren und eine Schüssel mit der Schnittfläche einreiben. Den Romanasalat, den Rucola, die Basilikumblätter, die Brotwürfel, die Kirschtomaten, die Artischockenherzen und die Zwiebelspalten hineingeben und mit Salz und Pfeffer würzen. Den Essig und das restliche Olivenöl (4 EL) verrühren und darübergeben. Den Salat vorsichtig durchmischen.

Servieren

Den Salat nach Belieben mit Parmesanspänen garniert servieren.

TIPP
Parmesanspäne können sehr gut mit einem Sparschäler von einem größeren Stück Parmesan abgezogen werden.

Griechischer Bauernsalat
mit Knoblauchecken

Für 4 Personen • Zubereitungszeit: 25 Minuten

Für die Knoblauchecken
4 EL Olivenöl
2 Knoblauchzehen
1 unbehandelte Zitrone
4–5 Zweige Thymian
Salz
6 Scheiben altbackenes Toastbrot

Für den griechischen Bauernsalat
8 Strauchtomaten
2 Salatgurken
1 rote Zwiebel
1 große gelbe Chilischote
frisch gemahlener schwarzer Pfeffer
200 g Feta-Käse
100 g entsteinte Kalamata-Oliven
1 Zitrone
4 EL Olivenöl
getrockneter Oregano

Knoblauchecken

Das Olivenöl mit 2 EL Wasser in eine Schale geben. Den Knoblauch abziehen und durch eine Presse dazudrücken. Die Zitrone heiß abwaschen, abtrocknen und etwas Schale zum Öl reiben. Den Thymian waschen, trocken schütteln, die Blättchen abstreifen und fein hacken. Mit 1 Prise Salz unterrühren. Die Toastscheiben entrinden, diagonal halbieren und nochmals teilen, sodass kleine Ecken entstehen. Mit der Knoblauch-Öl-Mischung betupfen und auf einem mit Backpapier ausgekleideten Backblech verteilen. Die Knoblauchecken im auf 180 °C vorgeheizten Backofen (Ober-/Unterhitze) von jeder Seite in 3–4 Minuten knusprig backen.

Griechischer Bauernsalat

Die Tomaten waschen. Die Stielansätze entfernen. Die Tomaten klein schneiden. Die Gurken nach Belieben schälen oder gründlich waschen, längs vierteln und in Stücke schneiden. Die Zwiebel abziehen und in feine Ringe schneiden. Die Chilischote waschen, entkernen und in feine Ringe schneiden. Die Salatzutaten auf vier tiefe Teller verteilen. Den Käse zerbröseln, die Oliven nach Belieben halbieren und beides über den Salattellern verteilen. Die Zitrone auspressen und den Saft über die Salate verteilen. Je 1 EL Olivenöl darüberträufeln. Etwas Oregano darüberstreuen.

Servieren

Den griechischen Salat zusammen mit den Knoblauchecken auf Tellern anrichten.

TIPP
Alternativ kann auch Baguette oder Parisienne in dünne Scheiben geschnitten zu Knoblauchbrotchips verarbeiten werden.

Lauwarmer Brot-Spargel-Salat
mit Kerbelmayonnaise

Für 2 Personen • Zubereitungszeit: 40 Minuten

Für den Brot-Spargel-Salat
- 100 g altbackenes Brot
- 1 Bund Brunnenkresse oder 1 Beet Gartenkresse
- 500 g weißer Spargel
- 2 EL Butter
- Salz
- Zucker

Für die Kerbelmayonnaise
- ½ Bund frischer Kerbel
- 1 Eigelb
- ½ TL mittelscharfer Senf
- 1–2 TL Zitronensaft
- 4 EL neutrales Pflanzenöl
- 3 EL Joghurt (3,5 % Fettgehalt)
- Salz
- frisch gemahlener schwarzer Pfeffer

Brot-Spargel-Salat

Das Brot in Scheiben und diese in mundgerechte Stücke schneiden. Brunnenkresse waschen, die Blätter abzupfen und abtropfen lassen, Gartenkresse mit einer Schere abschneiden.

Den Spargel schälen und die Enden abschneiden. Die Stangen schräg in etwa 4 cm lange Stücke schneiden. In einer Pfanne 1 EL Butter schmelzen lassen. Die Spargelstücke und je 1 Prise Salz und Zucker dazugeben und den Spargel unter gelegentlichem Wenden 6–8 Minuten braten. Die Brotstücke in einer zweiten Pfanne in der restlichen Butter (1 EL) goldbraun rösten. Den Spargel und die Brotstücke lauwarm abkühlen lassen.

Kerbelmayonnaise

Den Kerbel waschen, abtropfen lassen, die Stiele entfernen und die Blätter fein hacken. Das Eigelb mit dem Senf und 1 TL Zitronensaft in einem hohen Rührbecher mit einem Stabmixer schaumig mixen. Das Öl erst tropfenweise, dann in dünnem Strahl untermixen. Den Joghurt und den Kerbel unterrühren und die Mayonnaise mit Salz, Pfeffer und eventuell weiterem Zitronensaft abschmecken.

Servieren

Den gebratenen Spargel mit dem Röstbrot und der Kresse in zwei Schalen anrichten und die Kerbelmayonnaise darüberträufeln.

TIPP
Alternativ zur Kresse kann auch 1 Handvoll Postelein oder Babymangoldblätter verwendet werden.
Sollte die Mayonnaise zu fest geraten sein, kann sie mit 1 EL warmem Wasser etwas verflüssigt werden.

Wassermelonen-Brot-Salat
mit Babyspinat und Pecorinospänen

Für 4 Personen • Zubereitungszeit: ca. 25 Minuten

Für den Wassermelonen-Brot-Salat

150 g altbackenes Roggenmischbrot
6 EL Olivenöl
150 g Babyspinat
400 g Wassermelone
3 EL Zitronensaft
Salz
frisch gemahlener schwarzer Pfeffer
1 TL flüssiger Honig

Zum Servieren

Pecorinospäne

Wassermelonen-Brot-Salat

Das Brot entrinden und in kleine Würfel schneiden. In einer Pfanne 2 EL Öl erhitzen, das Brot darin knusprig rösten und dann abkühlen lassen.

Den Spinat waschen, verlesen und in einem Sieb abtropfen lassen oder in einer Salatschleuder trocken schleudern. Die Wassermelone von der Schale befreien, gegebenenfalls die Kerne entfernen und das Fruchtfleisch in mundgerechte Würfel schneiden.

Den Zitronensaft mit je 1 kräftigen Prise Salz und Pfeffer und dem Honig verrühren und das restliche Öl (4 EL) unterschlagen.

Servieren

Die Babyspinatblätter, das geröstete Brot und die Melonenwürfel auf einer Platte anrichten und das Zitronendressing darüberträufeln. Mit reichlich Pecorinospänen garnieren.

TIPP
Der Salat schmeckt auch mit geröstetem Fladenbrot oder Nussbrot sehr fein.

Lyoner-Brot-Salat
mit Käse und Radieschen

Für 2 Personen • Zubereitungszeit: ca. 25 Minuten

Für den Lyoner-Brot-Salat
150 g altbackenes Brot
200 g Lyoner
80 g Emmentaler
1 rote Zwiebel
1 Bund Radieschen
1 kleines Bund Schnittlauch
2 EL Essig
4 EL Apfelsaft oder Wasser
Salz
frisch gemahlener schwarzer Pfeffer
1 TL süßer Senf
4 EL Rapskernöl

Lyoner-Brot-Salat

Das Brot in etwa 1 cm große Würfel schneiden, in einer beschichteten Pfanne bei niedriger Temperatur ohne Fett knusprig rösten und abkühlen lassen. Die Lyoner häuten und in feine Scheiben oder Streifen schneiden. Den Käse in Streifen schneiden. Die Zwiebel abziehen und in Ringe schneiden. Die Radieschen waschen, putzen und vierteln. Den Schnittlauch waschen, trocken schütteln und in Röllchen schneiden. Alle Salatzutaten in eine große Schüssel geben und locker vermischen.

Den Essig, den Apfelsaft, das Salz, den Pfeffer, den Senf und das Öl zu einem Dressing verrühren und über den Salat gießen. Nochmals gut durchmischen.

Servieren

Den Salat auf zwei Schalen oder tiefe Teller verteilen und mit einem Glas Bier oder Apfelsaftschorle anrichten.

TIPP
Eine besonders leckere Alternative ergeben geröstete Brezenscheiben oder Laugenstangenwürfel.

Radicchio-Rucola-Salat
mit knusprigen Schinken-Brot-Sticks

Für 2 Personen • Zubereitungszeit: ca. 30 Minuten

Für die Schinken-Brot-Sticks

- 50 g Schinkenreste (geräuchert oder luftgetrocknet)
- 30 g geriebener Emmentaler
- 40 g weiche Butter
- frisch gemahlener schwarzer Pfeffer
- 8 Scheiben altbackenes Toastbrot
- 1 Ei
- 1 EL Vollmilch oder flüssige Sahne
- neutrales Pflanzenöl zum Ausbacken

Für den Radicchio-Rucola-Salat

- 1 großes Bund Rucola
- 1 kleiner Kopf Radicchio
- 6–8 Kirschtomaten
- 2 EL weißer Balsamico-Essig
- Salz
- frisch gemahlener schwarzer Pfeffer
- 1 TL Honigsenf
- 4 EL Walnussöl

Schinken-Brot-Sticks

Den Schinken fein würfeln, mit dem Käse unter die Butter rühren und leicht pfeffern. Zwei Scheiben Toast im Blitzhacker zu Bröseln zerkleinern und auf einen Teller geben. Das Ei in einem tiefen Teller mit der Milch oder der Sahne verquirlen.

Die übrigen Toastscheiben mit der Schinken-Käse-Butter bestreichen, die bestrichenen Seiten zusammenklappen und festdrücken. Mit einem scharfen Messer rundherum die Rinde abschneiden und die Sandwiches in jeweils vier Streifen schneiden.

Die Brotsticks durch die Eimischung ziehen und in den Bröseln wenden. Die Panade etwas andrücken. Das Öl in einer beschichteten Pfanne erhitzen und die Brotsticks darin rundherum goldbraun ausbacken.

Radicchio-Rucola-Salat

Den Rucola waschen, abtropfen lassen und die groben Stiele entfernen. Den Radicchio putzen, waschen, abtropfen lassen und in mundgerechte Stücke zerpflücken. Die Kirschtomaten waschen und halbieren. Die Salatzutaten in einer Schüssel locker vermischen. Aus dem Essig, dem Salz, dem Pfeffer, dem Senf und dem Öl ein Dressing rühren und den Salat damit marinieren.

Servieren

Den Salat auf zwei Schalen oder tiefe Teller verteilen und zusammen mit den Brotsticks anrichten.

TIPP
Für eine etwas mildere Salatvariante können noch etwas Romana- oder Eisbergsalat verwendet werden.

Rotkohl-Trauben-Salat mit warmem Schafskäse-Pistazien-Brot

Für 4 Personen • Zubereitungszeit: ca. 45 Minuten plus 1 Stunde Marinierzeit (Salat) und 12–15 Minuten Backzeit

Für den Rotkohl-Trauben-Salat
- 500 g Rotkohl
- Salz
- 200 g kernlose blaue Weintrauben
- 2 EL Rotweinessig
- frisch gemahlener schwarzer Pfeffer
- 1 TL mittelscharfer Senf
- 1 EL Preiselbeeren (Konserve)
- 4 EL Rapskernöl

Für das Schafskäse-Pistazien-Brot
- 5 Scheiben altbackenes Bauernbrot
- 1 Handvoll geröstete Pistazien
- 2 Eier
- 200 g Schafskäse
- Salz
- frisch gemahlener schwarzer Pfeffer
- 1 EL Olivenöl

Rotkohl-Trauben-Salat

Den Rotkohl putzen, halbieren, den Strunk entfernen und den Rest in feine Streifen hobeln. In einer Schüssel mit 1 kräftigen Prise Salz mischen und etwa 1 Minute mit den Händen durchkneten (zum Schutz vor Handverfärbungen Einmalhandschuhe verwenden). Die Trauben waschen, abtropfen lassen, von den Rispen zupfen und halbieren. Die Trauben zum Rotkohl geben und locker vermischen. Den Essig, je 1 Prise Salz und Pfeffer, den Senf und die Preiselbeeren verrühren und das Öl unterschlagen. Den Salat damit marinieren und etwas durchziehen lassen. Vor dem Servieren den Salat nochmals mit Salz und Pfeffer abschmecken.

Schafskäse-Pistazien-Brot

Eine Brotscheibe entrinden, in etwa 5 mm große Würfel schneiden und in einer beschichteten Pfanne bei mittlerer Temperatur ohne Fettzugabe 2–3 Minuten rösten. Vom Herd nehmen und lauwarm abkühlen lassen. Die Pistazien soweit erforderlich schälen und grob hacken. Die Eier in einer Schüssel verquirlen und den Schafskäse dazubröseln. Die gerösteten Brotwürfel und die Pistazien unterheben und mit Salz und Pfeffer würzen. Die Mischung auf die vier restlichen Brotscheiben geben und diese auf einem mit Backpapier ausgekleidetem Backblech verteilen. Das Olivenöl darüberträufeln und die Brote im auf 200 °C vorgeheizten Backofen (Ober-/Unterhitze, Umluft 180 °C) 12–15 Minuten überbacken.

Servieren

Den Rotkohl-Trauben-Salat auf vier Schälchen verteilen und mit den heißen Schafskäse-Pistazien-Broten anrichten.

Variante

Auch altes Walnuss- oder Weißbrot eignet sich gut. Statt Pistazien können auch Walnüsse verwendet werden.

HAUPTGERICHTE MIT FISCH & FLEISCH

Ob in ganzen Scheiben als Unterlage oder zu Bröseln für Panade und zum Überbacken verarbeitet – altbackenes Brot lässt sich vielseitig einsetzen. Vom einfachen Strammen Max mit Schinken und Spiegelei über selbst gemachte Fischstäbchen mit Süßkartoffelpommes bis zu gästefeinen Knuspergarnelen mit Zitronenmayo oder Hähnchenbrustfilet mit Kräuterbrotkruste ist alles mit dabei. So macht Resteverwertung Spaß und erfreut den Gaumen immer wieder neu!

Pain perdu
mit Sardellen-Petersilien-Gremolata

Für 2 Personen • Zubereitungszeit: ca. 20 Minuten

Für das Pain perdu
ca. 250 g altbackenes Brot (Weißbrot oder Roggenmischbrot)
3 Eier
Salz
1 Bund glatte Petersilie
1–2 Knoblauchzehen
1 unbehandelte Zitrone
6 Sardellenfilets (in Öl)
6 EL Olivenöl
frisch gemahlener schwarzer Pfeffer (optional)

Zum Servieren
gemischter Salat der Saison

Pain perdu

Das Brot in vier bis sechs Scheiben aufschneiden. Die Eier in einer flachen Schale mit 1 Prise Salz und 2 EL Wasser verquirlen. Die Brotscheiben darin 10 Minuten einweichen und dabei einmal wenden.

Für die Gremolata die Petersilie waschen, trocken schütteln, abzupfen und die Blätter fein schneiden. Den Knoblauch abziehen und hacken. Die Zitrone heiß abwaschen, abtrocknen und die Schale mit einem Zestenreißer in feinen Spänen abziehen. Die Sardellenfilets abtropfen lassen und klein schneiden. Alles zusammen fein hacken.

Das Olivenöl in einer großen beschichteten Pfanne erhitzen. Die Brotscheiben aus dem Ei heben, etwas abtropfen lassen und bei mittlerer Temperatur 2 Minuten anbraten. Die Hälfte der Gremolata aufstreuen, die Brotscheiben wenden und auf der anderen Seite weitere 2 Minuten braten. Die übrige Gemolata aufstreuen und nach Belieben etwas Pfeffer darübermahlen.

Servieren

Die Brote auf den Tellern anrichten und mit dem Salat servieren.

TIPP
Pain perdu (verlorenes Brot) ist die französische Version unserer Armen Ritter, die man sowohl süß als auch pikant zubereiten kann.

»Fischstäbchen de luxe«
mit Süßkartoffel-Pommes

Für 2 Personen • Zubereitungszeit: ca. 45 Minuten plus ca. 25 Minuten Backzeit

Für die Süßkartoffel-Pommes
400 g Süßkartoffeln
1 EL weiße Sesamsaat
1 TL getrockneter Thymian
½ TL Meersalz
1 Prise Zucker
1 Eiweiß

Für die Fischstäbchen
80 g altbackenes Weißbrot
1 EL weiße Sesamsaat
⅓ TL Chiliflocken
3 EL Mehl
1 Ei
1 Eigelb
400 g küchenfertiges Fischfilet (z. B. Seelachs, Kabeljau oder Goldbarsch)
Salz
neutrales Pflanzenöl zum Ausbacken

Zum Servieren
Zitronenspalten oder Zitronenmayonnaise (siehe Seite 84)

Süßkartoffel-Pommes

Die Süßkartoffeln schälen und in gleichmäßige Stäbe schneiden. 1 EL Sesamsamen im Mörser mit dem Thymian, dem Salz und dem Zucker zerstoßen. Das Eiweiß (das Eigelb für die Fischstäbchen-Panade aufbewahren) in einer großen Schüssel verquirlen. Die Süßkartoffeln dazugeben und gut durchmischen, sodass alle benetzt sind. Die Süßkartoffelstäbe in der Sesammischung wenden und auf einem mit Backpapier ausgekleideten Backblech verteilen. Dann auf der mittleren Schiene im auf 200 °C vorgeheizten Backofen (Ober/-Unterhitze, Umluft 180 °C) etwa 25 Minuten backen.

Fischstäbchen

Das Weißbrot entrinden, würfeln und mit dem Sesam und den Chiliflocken im Blitzhacker zu feinen Bröseln verarbeiten. Die Brösel auf einem Teller ausbreiten. Das Mehl auf einen zweiten Teller geben. Das Ei und das Eigelb in einem tiefen Teller mit 1 EL Wasser verquirlen.

Das Fischfilet kalt abwaschen, abtrocknen, auf Gräten kontrollieren und in sechs längliche Stücke schneiden. Die Fischstücke salzen. Anschließend erst im Mehl wenden und den Überschuss abklopfen, dann durch das Ei ziehen und schließlich in der Bröselmischung wenden. Die Panade leicht andrücken.

In einer beschichteten Pfanne etwa 0,5 cm hoch Öl erhitzen. Die Fischstäbchen darin von jeder Seite etwa 3 Minuten ausbacken, bis sie goldbraun und knusprig sind. Herausheben und auf Küchenpapier abtropfen lassen.

Servieren

Die Fischstäbchen mit den Süßkartoffel-Pommes und den Zitronenspalten bzw. der Zitronenmayonnaise servieren.

Fischfilet
mit Limetten-Koriander-Kruste

Für 4 Personen • Zubereitungszeit: ca. 20 Minuten plus 20 Minuten Backzeit

Für das Fischfilet
40 g Mandelstifte
1 unbehandelte Limette
1 Bund Koriandergrün
1 Knoblauchzehe
60 g altbackenes Weißbrot
1 TL rosa Pfefferbeeren
60 g weiche Butter plus etwas mehr für die Form
Salz
4 küchenfertige Kabeljaufilets (à ca. 200 g)

Zum Servieren
Reis
Gurkensalat

Fischfilet

Die Mandelstifte in einer beschichteten Pfanne ohne Fettzugabe goldbraun rösten und abkühlen lassen. Die Limette heiß abwaschen, abtrocknen. Die Schale mit einem Zestenreißer in feinen Spänen abziehen und den Saft auspressen. Das Koriandergrün waschen, trocken schütteln, die groben Stiele entfernen, den Rest fein schneiden.

Den Knoblauch abziehen und fein hacken. Das Brot klein schneiden. Das Brot, den Knoblauch und den rosa Pfeffer im Blitzhacker zu groben Bröseln verarbeiten. Die Brösel, die Mandeln, die Limettenschale und den Koriander in die Butter rühren und mit Salz würzen.

Das Fischfilet kalt abwaschen, trocken tupfen und auf Gräten kontrollieren. In vier Stücke teilen, mit dem Limettensaft beträufeln und mit Salz würzen.

Die Fischfilets an der Oberfläche trocken tupfen, die Korianderbutter mit der Hand auf die Oberfläche drücken und die Fischstücke nebeneinander in eine mit Butter ausgestrichene ofenfeste Form setzen. Die Fischfilets auf der mittleren Schiene im auf 180 °C vorgeheizten Backofen (Ober/-Unterhitze, Umluft 160 °C) in etwa 20 Minuten knusprig backen.

Servieren

Die Fischfilets auf den Tellern anrichten und zusammen mit Reis und Gurkensalat servieren.

TIPP
Statt Kabeljau eignen sich auch Seelachs oder Rotbarsch. Die Fischfilets sollten gleichmäßig dick sein und kühlschrankkalt verarbeitet werden, damit sie saftig bleiben.

Knuspergarnelen
mit Zitronenmayonnaise

Für 2 Personen • Zubereitungszeit: ca. 40 Minuten

Für die Zitronen-mayonnaise
2 sehr frische Eigelb
1 TL mittelscharfer Senf
1 EL Zitronensaft
Salz
120 ml neutrales Pflanzenöl
1 TL abgeriebene unbehandelte Zitronenschale
2 EL Joghurt (3,5 % Fettgehalt)
frisch gemahlener schwarzer Pfeffer
Zucker

Für die Knuspergarnelen
12 Riesengarnelen (ohne Kopf, mit Schale, à ca. 40 g)
60 g altbackenes Weißbrot
2–3 Zweige Thymian
1 unbehandelte Zitrone
2 Eiweiße
neutrales Pflanzenöl zum Ausbacken
1 Knoblauchzehe

Zitronenmayonnaise

Das Eigelb, den Senf, den Zitronensaft und 1 Prise Salz in einen Mixbecher geben und mit dem Handrührgerät oder einem Stabmixer in 2 Minuten cremig aufschlagen. Weiterschlagen bzw. mixen und dabei das Öl erst tröpfchenweise, dann in dünnem Strahl untermischen. Die Zitronenschale und den Joghurt unterrühren und die Zitronenmayonnaise mit Salz, Pfeffer und 1 Prise Zucker abschmecken.

Knuspergarnelen

Die Garnelen so schälen, dass das Schwanzende noch erhalten bleibt. Gegebenenfalls am Rücken einschneiden, vom schwarzen Darmfaden befreien, anschließend waschen und sehr gut mit Küchenpapier abtrocknen.

Das Weißbrot würfeln. Den Thymian waschen, trocken schütteln und die Blätter abstreifen. Die Zitrone heiß abwaschen, abtrocken und die Schale fein abreiben. Die Brotwürfel, den Thymian und den Zitronenabrieb in einem Blitzhacker zu Bröseln verarbeiten und auf einem Teller ausbreiten. Das Eiweiß mit einer Gabel schaumig aufschlagen. Die Garnelen erst durch das Eiweiß ziehen und dann in der Bröselmischung wenden. Die Panade sanft andrücken.

In einer beschichteten Pfanne etwa 1 cm hoch Öl erhitzen. Die Knoblauchzehe ungeschält zerdrücken und zum Aromatisieren dazugeben. Die Garnelen von jeder Seite in 1–2 Minuten goldbraun ausbacken und dann auf Küchenpapier abtropfen lassen.

Sevieren

Die Knuspergarnelen heiß auf den Tellern anrichten und die Zitronenmayonnaise in separaten Schalen zum Dippen dazustellen.

Schinken-Käse-Toast
mit grünem Spargel

Für 2 Personen • Zubereitungszeit: ca. 30 Minuten

Schinken-Käse-Toast
250 g grüner Spargel
2 EL Olivenöl
Salz
frisch gemahlener schwarzer Pfeffer
6 Scheiben altbackener American Toast (klassisch oder Vollkorn)
40 g weiche Butter
4 Scheiben gekochter Schinken
6 Scheiben junger Gouda

Schinken-Käse-Toast

Den Spargel im unteren Drittel schälen und die Enden abschneiden. Die Stangen jeweils einmal längs und quer teilen. Das Olivenöl in einer Pfanne erhitzen und den Spargel darin bei mittlerer Temperatur 4–5 Minuten braten. Mit Salz und Pfeffer würzen.

Alle Brotscheiben toasten und dünn mit Butter bestreichen. Auf vier davon jeweils eine Scheibe Schinken, einige abgetropfte Spargelstücke und eine Scheibe Käse legen. Auf zwei Toasts die restlichen Käsescheiben legen. Mit etwas Abstand nebeneinander auf ein mit Backpapier ausgekleidetes Backblech legen und auf der mittleren Schiene im auf 200 °C vorgeheizten Backofen (Ober-/Unterhitze, Umluft 180 °C) 5–6 Minuten überbacken, bis der Käse zu schmelzen beginnt.

Anschließend jeweils zwei Schinken-Spargel-Käse-Toasts aufeinanderlegen und mit dem Käsetoast (Käseseite nach unten) abdecken. Mit zwei Holzzahnstochern fixieren und mit einem scharfen Messer diagonal halbieren, sodass vier dreieckige Doppeldecker entstehen.

Servieren

Die Toasts auf die Teller verteilen.

TIPP
Für Schinken-Käse-Toast mit Pfifferlingen 200 g Pfifferlinge putzen, 4–5 Minuten scharf im Öl anbraten und mit etwas gehacktem Knoblauch, 1 TL gehackten Thymianblättchen, Salz und Pfeffer würzen. Die Toasts wie oben beschrieben mit Schinken und Käse zubereiten. Für eine vegetarische Variante wird der Schinken durch in dünne Streifen geschnittenen Räuchertofu ersetzt.

Croque Monsieur
mit Tomaten-Radieschen-Salat

Für 2 Personen • Zubereitungszeit: ca. 20 Minuten plus 8–10 Minuten Backzeit

Für die Croques
80 g Greyerzer oder Comté
2 EL weiche Butter
1 TL Dijonsenf
4 Scheiben altbackenes Toastbrot
2 Scheiben gekochter Schinken

Für den Salat
1 Bund Radieschen mit frischem Grün
150 g Kirschtomaten
1 Schalotte
2 EL Weißweinessig
1 TL Dijonsenf
Salz
frisch gemahlener schwarzer Pfeffer
Zucker
4 EL Rapskernöl

Croques
Den Käse grob raspeln. 1 EL Butter mit dem Senf verrühren. Die Toastscheiben mit der Senfbutter bestreichen und den Käse aufstreuen. Die Schinkenscheiben falten und zwei Toasts damit belegen. Die restlichen beiden Toastscheiben mit der bestrichenen Seite nach unten darauflegen. Die Oberseite der Doppeldecker mit der restlichen Butter (1 EL) bestreichen. Mit etwas Abstand nebeneinander auf ein mit Backpapier ausgekleidetes Backblech legen und auf der mittleren Schiene im auf 220 °C vorgeheizten Backofen (Ober-/Unterhitze, Umluft 200 °C) in 8–10 Minuten knusprig und goldbraun backen.

Salat
Das Radieschengrün abschneiden, waschen und abtropfen lassen. Die Radieschen waschen, putzen und vierteln. Die Kirschtomaten waschen und halbieren. Die Schalotte abziehen und fein hacken. In einer Schüssel die Schalotte, den Essig, den Senf, je 1 kräftige Prise Salz und Pfeffer und 1 kleine Prise Zucker verrühren und das Öl unterschlagen. Die Kirschtomaten, die Radieschen und die Radieschenblätter unterheben.

Servieren
Die Croques Monsieur auf die Teller legen und mit dem Tomaten-Radieschen-Salat servieren.

TIPP
Die Schinken-Käse-Toasts können vor dem Backen noch kurz in einem mit 2 EL Sahne verquirltem Ei gewendet werden. Für Croques Madame werden die Schinken-Käse-Toasts mit je einem Spiegelei belegt.

Strammer Max
Röstbrot mit Schinken und Spiegelei

Für 2 Personen • Zubereitungszeit: ca. 15 Minuten

Für den Strammen Max
2 große Scheiben altbackenes Bauernbrot
½ Bund Schnittlauch
40 g Butter
4 Eier
4 Scheiben gekochter Schinken (à ca. 20 g)
Salz
frisch gemahlener schwarzer Pfeffer

Zum Servieren
grüner Salat oder aufgeschnittene Gurken und Tomaten

Strammer Max

Die Brote auf ein Backblech legen und auf der mittleren Schiene im auf 150 °C vorgeheizten Backofen aufbacken und leicht anrösten. Dann herausnehmen und lauwarm abkühlen lassen.

Den Schnittlauch waschen, trocken schütteln und in feine Röllchen schneiden. Die Hälfte der Butter in einer beschichteten Pfanne schmelzen lassen. Die Eier hineinschlagen und zu Spiegeleiern braten. Die Brote mit der restlichen Butter (20 g) bestreichen und mit je zwei Scheiben Schinken belegen. Die Spiegeleier daraufsetzen, mit Salz und Pfeffer würzen und den Schnittlauch darüberstreuen.

Servieren

Je eine Scheibe Brot auf den Tellern anrichten und den Salat oder die aufgeschnittenen Gurken und Tomaten dazu servieren.

TIPP
**Die Brotscheiben können auch im Toaster geröstet werden.
Statt Schinken und Schnittlauch können auch 120 g Räucherlachs mit 2 TL gehacktem Dill oder 100 g abgetropfte Ölsardinen mit grünen Salatblättern und Kresse verwendet werden. Die Spiegeleier jeweils darauf anrichten.**

Migas
mit Chorizo und Zwiebeln

Für 2 Personen • Zubereitungszeit: ca. 25 Minuten plus 12 Stunden Marinierzeit

Für die Migas
300 g altbackenes Weißbrot
1 Knoblauchzehe
1 EL edelsüßes Paprikapulver
1 Zwiebel
100 g Chorizo
2 EL Olivenöl

Zum Servieren
1 EL gehackte glatte Petersilie
Tomatensalat

Migas

Das Brot entrinden und klein würfeln. Den Knoblauch abziehen, durch eine Presse drücken und mit 3–4 EL Wasser und dem Paprikapulver verrühren. Die Mischung unter das Brot kneten und 12 Stunden in ein feuchtes Tuch oder in Folie gewickelt durchziehen lassen.

Die Zwiebel abziehen und hacken. Die Chorizo häuten und in feine Scheiben schneiden. Eine Pfanne mit 1 EL Olivenöl erhitzen, die Brotmischung hineingeben und unter regelmäßigem Wenden mit einer Gabel bei mittlerer Temperatur 10–12 Minuten rösten. In einer zweiten Pfanne die Zwiebel und die Chorizo in dem restlichen Olivenöl (1 EL) 2–3 Minuten anbraten. Dann unter die Brotmischung rühren und alles noch 2–3 Minuten weiterbraten.

Servieren

Die Migas auf die Teller verteilen und mit Petersilie bestreuen. Den Tomatensalat dazu servieren.

TIPP
Migas nennt man in Spanien die innere weiße Brotkrume. Die knusprige Kruste wird gerne frisch gegessen, die Migas für dieses beliebte Arme-Leute-Essen aufbewahrt. Statt Chorizo können Schinkenreste und statt der Zwiebel kann mehr Knoblauch verwendet werden.

Brot-Bacon-Spieße mit Salbei

Für 6 Spieße • Zubereitungszeit: ca. 35 Minuten

Für die Brot-Bacon-Spieße

½ unbehandelte Zitrone
4 EL Olivenöl
1–2 Knoblauchzehen
250 g altbackenes Weißbrot (z. B. Ciabatta)
9 dünne Scheiben Bacon
2 Bund Frühlingszwiebeln
3–4 Stängel Salbei
1 gelbe Paprikaschote
Salz
frisch gemahlener schwarzer Pfeffer

Brot-Bacon-Spieße

Die Zitrone heiß waschen, abtrocknen und die Schale fein abreiben. Das Öl in einer Schale mit ½ TL Zitronenschale verrühren. Den Knoblauch abziehen und durch eine Presse dazudrücken und gut untermischen. Das Brot nach Belieben entrinden und in 18 knapp 3 cm große Würfel schneiden. Jeden Brotwürfel mit einer halben Scheibe Bacon umwickeln.

Die Frühlingszwiebeln putzen, waschen und trocken schütteln. Die weißen Anteile längs halbieren. Den Salbei waschen, trocken schütteln und die Blätter abzupfen. Die Paprikaschote putzen, waschen, entkernen und in etwa 3 cm große Stücke schneiden. Die Baconbrotwürfel, die Zwiebelhälften, die Paprikastücke und die Salbeiblätter im Wechsel auf sechs Metall- oder Holzspieße (je etwa 15 cm) stecken.

Die Spieße mit dem Zitronenöl bestreichen und in einer Grillpfanne unter regelmäßigem Wenden in 6–8 Minuten goldbraun braten. Mit wenig Salz und Pfeffer würzen.

Servieren

Die Spieße auf den Tellern anrichten.

TIPP
Alternativ können auch in passende Stücke geschnittene weißen Zwiebeln oder Oliven- oder Tomaten-Ciabatta verwendet werden.

Schweizer Brotauflauf
mit Bündner Fleisch

Für 4 Personen • Zubereitungszeit: ca. 20 Minuten plus 30 Minuten Backzeit

Für den Schweizer Brotauflauf
1 Knoblauchzehe
1 EL Butter
500 g altbackenes Weißbrot
6 EL trockener Weißwein
250 g Greyerzer oder Raclette Käse, in Scheiben geschnitten
80 g Bündner Fleisch, in Scheiben geschnitten
3 Eier
400 ml Vollmilch
frisch geriebene Muskatnuss
Salz
frisch gemahlener schwarzer Pfeffer

Zum Servieren
Blattsalat mit Schnittlauchdressing

Schweizer Brotauflauf

Die Knoblauchzehe halbieren und eine Gratinform damit ausreiben. Dann mit der Butter ausstreichen. Das Brot in 4–5 mm dicke Scheiben schneiden, toasten und mit dem Wein beträufeln. (Zähes altbackenes Brot ist perfekt. Wenn es sehr trocken ist und beim Aufschneiden bröselt, vorher mit etwas Wasser besprühen und etwa 1 Stunde in einer verschlossenen Plastiktüte weich werden lassen.)

Die Brotscheiben im Wechsel mit den Käse- und Bündner-Fleisch-Scheiben dachziegelartig in die Form einschichten. Die Eier mit der Milch verquirlen und mit Muskatnuss, Salz und Pfeffer würzen. Über den Auflauf gießen und diesen auf der mittleren Schiene im auf 180 °C vorgeheizten Backofen (Ober-/Unterhitze, Umluft 160 °C) etwa 30 Minuten backen, bis die Oberfläche schön gebräunt und der Käse geschmolzen ist.

Servieren

Den Brotauflauf auf die Teller verteilen und den Salat dazu anrichten.

TIPP
Der Weißwein kann durch eine Mischung aus 3 EL flüssiger Butter und 3 EL Zitronensaft ersetzt werden.
Für eine vegetarische Variante das Bündner Fleisch weglassen.

Hähnchen-Parmesan-Bällchen in Tomaten-Orangen-Sauce

Für 4 Personen • Zubereitungszeit: ca. 25 Minuten plus 30 Minuten Kühlzeit

Für die Hähnchen-Parmesan-Bällchen
400 g Hähnchenbrustfilets
2 altbackene Brötchen (à ca. 60 g)
60 g Parmesan
3–4 Zweige Thymian
5 EL Vollmilch
1 Ei
30 g Pistazienkerne
Salz
frisch gemahlener schwarzer Pfeffer
etwas Olivenöl zum Formen

Für die Tomaten-Orangen-Sauce
1 Zwiebel
1 Knoblauchzehe
2 unbehandelte Orangen
2 EL Olivenöl
800 g stückige Tomaten (Konserve)
Salz
Cayennepfeffer

Für die Fertigstellung
2–3 Stängel Basilikum

Zum Servieren
Reis oder Spaghetti

Hähnchen-Parmesan-Bällchen

Das Hähnchenfleisch kalt abwaschen, abtrocknen und grob würfeln. Auf einem Stück Backpapier verteilen und 30 Minuten im Tiefkühlfach anfrieren lassen.

Die Brötchen und den Parmesan würfeln. Den Thymian waschen, trocken schütteln und die Blättchen abzupfen. Das angefrorene Hähnchenfleisch portionsweise im Blitzhacker fein zerkleinern und in eine Schüssel füllen. Das Brot, den Parmesan und den Thymian zusammen portionsweise zerkleinern und dazugeben. Die Milch, das Ei und die grob gehackten Pistazienkerne hinzufügen, mit Salz und Pfeffer würzen und alles gut verkneten. Mit leicht geölten Händen aus der Masse 20 Bällchen formen.

Tomaten-Orangen-Sauce

Die Zwiebel und den Knoblauch abziehen und fein hacken. Eine Orange heiß abwaschen, abtrocknen und die Schale fein abreiben. Den Saft beider Orangen auspressen. Das Öl in einer großen Schmorpfanne erhitzen, die Zwiebel und den Knoblauch darin glasig braten. Mit dem Orangensaft ablöschen und 2 Minuten einkochen lassen. Die Tomaten und den Orangenabrieb dazugeben, aufkochen und 15 Minuten bei schwacher Temperatur zugedeckt einkochen. Die Sauce mit Salz und Cayennepfeffer würzen.

Fertigstellung

Die Hähnchen-Parmesan-Bällchen in die Sauce einlegen und zugedeckt bei schwacher Temperatur in etwa 10 Minuten gar ziehen lassen. Das Basilikum waschen, trocken schütteln, die Blätter grob zerzupfen und unter die Sauce ziehen.

Servieren

Je fünf Hähnchen-Parmesan-Bällchen mit der Sauce auf Tellern anrichten. Die Beilage dazu servieren.

Hähnchenbrust
mit Kräuter-Brot-Kruste

Für 4 Personen • Zubereitungszeit: ca. 30 Minuten plus 15 Minuten Backzeit

Für die Hähnchenbrust

100 g altbackenes Weißbrot
1 Bund glatte Petersilie
1–2 Zweige Rosmarin
3–4 Salbeiblätter
2 Eiweiß
Salz
1 Knoblauchzehe (optional)
3 EL Olivenöl
4 Hähnchenbrustfilets (à 200 g)
frisch gemahlener schwarzer Pfeffer

Zum Servieren

Rosmarinkartoffeln
gemischter Salat mit Balsamico-Dressing

Hähnchenbrust

Das Brot grob würfeln und im Blitzhacker zu nicht zu feinen Bröseln verarbeiten. Die Petersilie und den Rosmarin waschen, trocken schütteln, abzupfen und fein schneiden. Die Salbeiblätter waschen, trocken tupfen und in feine Streifen schneiden.

Das Eiweiß mit 1 Prise Salz steif schlagen. Falls verwendet, den Knoblauch abziehen und durch eine Presse in den Eischnee drücken. Die Brotbrösel und die Kräuter unterheben.

Eine ofenfeste Form mit ½ EL Öl ausstreichen. Die Hähnchenbrustfilets mit Salz und Pfeffer würzen. Das restliche Öl (2 ½ EL) in einer Pfanne erhitzen und die Hähnchenbrustfilets darin von jeder Seite 2 Minuten anbraten. Die Hähnchenbrustfilets aus der Pfanne nehmen und die Oberfläche mit Küchenpapier abtupfen. Die Kräuter-Brot-Masse mit den Händen auf die Oberfläche drücken und die Filets nebeneinander in die Form setzen. Auf der mittleren Schiene im auf 220 °C vorgeheizten Backofen (Ober-/Unterhitze) etwa 15 Minuten überbacken, bis die Kruste leicht gebräunt ist.

Servieren

Die Hähnchenbrustfilets auf die Teller verteilen und die Kartoffeln und den Salat dazu servieren.

TIPP
Alternativ können auch 2 Lammkarrees (à 400 g, mit freigeschabten Knochen) verwendet werden. Diese rundherum 5–6 Minuten anbraten und wie oben beschrieben weiterverfahren.

Schweinekoteletts mit scharfer Brotpanade und Apfel-Coleslaw

Für 2 Personen • Zubereitungszeit: ca. 30 Minuten

Für den Coleslaw
300 g Spitzkohl
Salz
2–3 Frühlingszwiebeln
1 säuerlicher Apfel (z. B. Granny Smith)
1 EL Zitronensaft
2 EL Salatmayonnaise
1 TL mittelscharfer Senf
frisch gemahlener schwarzer Pfeffer

Für die Koteletts
1 altbackenes Brötchen (ca. 60 g)
40 g geröstete, gesalzene Erdnusskerne
1 Peperoncino
2 EL Mehl
1 Ei
2 Schweinekoteletts (à 250 g)
Salz
neutrales Pflanzenöl

Coleslaw

Den Spitzkohl putzen und den Strunk entfernen. Den Rest in feine Streifen schneiden oder hobeln. Mit ½ TL Salz in einer Schüssel kräftig weich kneten und beiseitestellen. Die Frühlingszwiebeln putzen, waschen und fein schneiden. Den Apfel nach Belieben gründlich waschen oder schälen, vierteln und das Kerngehäuse entfernen. Die Apfelviertel grob raspeln und mit dem Zitronensaft mischen. Beides zum Spitzkohl geben. Die Mayonnaise mit dem Senf verrühren und den Salat damit marinieren. Mit Salz und Pfeffer abschmecken.

Koteletts

Das Brötchen würfeln und mit den Erdnüssen und dem Peperoncino im Blitzhacker nicht zu fein zerkleinern. Die Mischung auf einem Teller ausbreiten. Das Mehl auf einen zweiten Teller geben. Das Ei in einem tiefen Teller mit 1 EL Wasser verquirlen. Die Koteletts kalt abwaschen, abtrocknen und salzen. Erst im Mehl wenden und den Überschuss abklopfen, dann durch das Ei ziehen und schließlich mit der Bröselmischung umhüllen. Die Panade sanft andrücken. In einer Pfanne 0,5 cm hoch Öl erhitzen. Wenn es heiß genug ist, die Koteletts einlegen und darin bei mittlerer Temperatur von jeder Seite in 3–4 Minuten goldbraun backen. Die Schweinekoteletts vor dem Servieren kurz auf Küchenpapier abtropfen lassen.

Servieren

Die Koteletts zusammen mit dem Apfel-Coleslaw anrichten.

TIPP
Die Erdnüsse können durch 30 g Cashewkerne und 1 EL Kokosraspel, der Apfel durch 100 g fein gewürfelte frische Ananas ersetzt werden.

VEGETARISCHE HAUPTGERICHTE

Aus altbackenem Brot zaubern Sie mit Gemüse, Eiern, Käse und allerlei Kräutern und Gewürzen im Handumdrehen die leckersten vegetarischen Hauptgerichte – mit einem frischen Salat dazu ein preiswerter Genuss für die ganze Familie. Besonders lecker und mit unterschiedlichen Gemüsesorten immer wieder anders schmeckt das Brotpüree mit Ofengemüse, sollten Sie unbedingt mal ausprobieren!

Geröstetes Brot
mit Rahmpfifferlingen und Feldsalat

Für 2 Personen • Zubereitungszeit: ca. 30 Minuten

Für das geröstete Brot mit Rahmpfifferlingen
300 g Pfifferlinge
1–2 Schalotten
1 Knoblauchzehe (optional)
1 EL Butterschmalz
100 g flüssige Sahne
½ Bund glatte Petersilie
1–2 TL Zitronensaft
Salz
frisch gemahlener schwarzer Pfeffer
2 Scheiben altbackenes Bauernbrot (à ca. 100 g)

Für den Feldsalat
150 g Feldsalat
2 EL Weißweinessig
Salz
frisch gemahlener schwarzer Pfeffer
Zucker
1 TL mittelscharfer Senf
4 EL Rapskernöl

Zum Servieren
30 g Butter

Geröstetes Brot mit Rahmpfifferlingen

Die Pfifferlinge putzen, kleine ganz lassen, größere halbieren. Die Schalotten und gegebenenfalls den Knoblauch abziehen und fein hacken. Das Butterschmalz in einer Pfanne erhitzen und die Pilze darin 2 Minuten scharf anbraten. Die Schalotten und den Knoblauch dazugeben und 2 Minuten mitbraten. Die Sahne angießen und die Pilze 6–8 Minuten zugedeckt bei schwacher Temperatur schmoren lassen. Die Petersilie waschen, trocken schütteln, abzupfen, die Blätter fein schneiden und unter die Rahmpfifferlinge rühren. Dann mit Zitronensaft, Salz und Pfeffer abschmecken. Das Brot im Toaster oder in einer Pfanne von beiden Seiten rösten.

Feldsalat

Den Feldsalat putzen, waschen und abtropfen lassen. Aus dem Essig, etwas Salz, Pfeffer, 1 kleinen Prise Zucker, dem Senf und dem Öl ein Dressing rühren und den Feldsalat damit marinieren.

Servieren

Die gerösteten Brote auf Teller legen und mit der Butter bestreichen. Die Rahmpfifferlinge darauf verteilen und den Feldsalat dazu anrichten.

TIPP
Alternativ können auch Champignons oder Egerlinge mit Crème fraîche und Thymian verwendet werden.

Brot-Picata
mit Chicorée-Orangen-Salat

Für 2 Personen • Zubereitungszeit: ca. 20 Minuten plus 10 Minuten Einweichzeit

Für die Brot-Picata
40 g Parmesan
2 Eier
100 ml Vollmilch
4 Scheiben altbackenes Weißbrot (ca. 1 cm dick, à ca. 50 g)
2 EL Butterschmalz

Für den Chicorée-Orangen-Salat
250 g Chicorée
2 Orangen
Salz
frisch gemahlener schwarzer Pfeffer
3 EL Walnussöl (oder mildes Olivenöl)
4 Walnusshälften

Brot-Picata
Den Parmesan reiben. Die Eier und die Milch in einer flachen Schale verquirlen und den Parmesan unterrühren. Die Brotscheiben für etwa 10 Minuten einlegen, dabei einmal wenden. Anschließend das Butterschmalz in einer großen beschichteten Pfanne erhitzen. Die Brotscheiben darin von jeder Seite in 2–3 Minuten goldbraun ausbacken. Dann kurz auf Küchenpapier abtropfen lassen.

Chicorée-Orangen-Salat
Den Chicorée in breite Streifen schneiden, in einem Sieb kalt überbrausen und abtropfen lassen. Die Orangen so schälen, dass auch die weiße Haut entfernt ist. Mit einem scharfen Messer die Orangenfilets zwischen den Trennhäutchen herauslösen und dabei austretenden Saft auffangen. Die Orangenfilets und den Chicorée in einer Schüssel locker vermischen. 4 EL Orangensaft, je 1 kräftige Prise Salz und Pfeffer und das Öl verrühren und den Salat damit marinieren. Die Walnüsse grob hacken und darüberstreuen.

Servieren
Je zwei Brote auf den Tellern anrichten und mit dem Chicorée-Orangen-Salat servieren.

TIPP
Alternativ können auch andere Hartkäsesorten wie Appenzeller, Comté oder Greyerzer und als Beilage gemischter Salat mit Vinaigrette verwendet werden.

Ingwer-Kurkuma-Brot mit Röstzwiebeln

Für 2 Personen • Zubereitungszeit: ca. 20 Minuten plus 10 Minuten Einweichzeit

Für das Ingwer-Kurkuma-Brot
2 Eier
80 ml Vollmilch
1 walnussgroßes Stück Ingwer
1 Knoblauchzehe
½ TL gemahlene Kurkuma
⅓ TL Cayennepfeffer
Salz
250 g altbackenes Weißbrot (z. B. Ciabatta)
1 große Zwiebel
1 EL Mehl
neutrales Pflanzenöl zum Ausbacken

Zum Servieren
Blatt- oder Gurkensalat mit Joghurtdressing

Ingwer-Kurkuma-Brot
Die Eier mit der Milch in einer flachen Schale verrühren. Den Ingwer und den Knoblauch schälen und dazureiben. Mit Kurkuma, Cayennepfeffer und 1 Prise Salz würzen und alles gut vermischen. Das Brot in etwa 2 cm dicke Scheiben schneiden. 10 Minuten in der Eiermischung einweichen, dabei einmal wenden.

Die Zwiebel abziehen und in 2 mm dicke Ringe hobeln oder schneiden. Mit dem Mehl bestauben. In einer großen Pfanne 0,5 cm hoch Öl erhitzen und die Zwiebel darin knusprig und goldbraun ausbacken. Auf Küchenpapier abtropfen lassen. Vor dem Servieren mit Salz würzen. Dann die Brotscheiben ins heiße Öl geben und von jeder Seite 2 Minuten bei mittlerer Temperatur ausbacken. Herausheben und kurz auf Küchenpapier abtropfen lassen.

Servieren
Die Brote auf die Teller verteilen und die Röstzwiebeln darauf anrichten. Den Salat dazu servieren.

Brotbratlinge mediterran

Für 4 Personen • Zubereitungszeit: ca. 20 Minuten plus 30 Minuten Einweichzeit

Für die Brotbratlinge

400 g altbackenes Brot (Weißbrot und/oder Mischbrot)
200 ml Vollmilch
1 Zwiebel
1 Knoblauchzehe
1 Bund glatte Petersilie
2 EL Tomatenöl (oder Olivenöl)
8 getrocknete Tomaten (in Öl)
1 EL eingelegte Kapern
10–12 entsteinte schwarze Oliven
2 Eier
1 TL rosenscharfes Paprikapulver
1 EL getrocknete Kräuter der Provence
Salz
frisch gemahlener schwarzer Pfeffer
4 EL Olivenöl

Zum Servieren

Romanasalat mit Kirschtomaten und Zitronensaft-Olivenöl-Dressing

Brotbratlinge

Die Hälfte des Brotes entrinden und klein würfeln. Das übrige Brot würfeln und mit den Brotrinden im Blitzhacker zu Bröseln verarbeiten. Beides zusammen in einer Schüssel mit der Milch mischen und 30 Minuten quellen lassen. Die Zwiebel und den Knoblauch abziehen und fein hacken. Die Petersilie waschen, trocken schütteln, abzupfen und die Blätter fein schneiden. Das Öl in einer Pfanne erhitzen, die Zwiebel und den Knoblauch in 1–2 Minuten glasig andünsten und die Petersilie unterrühren. Vom Herd nehmen.

Die getrockneten Tomaten und die Kapern abtropfen lassen und zusammen mit den Oliven klein würfeln bzw. hacken.

Alle vorbereiteten Zutaten und die Eier zum eingeweichten Brot geben. Das Paprikapulver und die Kräuter der Provence dazugeben, alles gut verkneten und mit Salz und Pfeffer würzig abschmecken. Das Öl in einer großen beschichteten Pfanne erhitzen. Aus der Brotmasse sechs bis acht Frikadellen formen und diese von jeder Seite 3–4 Minuten bei mittlerer Temperatur braten.

Servieren

Die Brotbratlinge auf die Teller verteilen und mit dem Romanasalat anrichten.

TIPP

Sehr trockenes Brot benötigt etwas mehr Milch. Sollte die Masse zu viel Feuchtigkeit enthalten, 1–2 EL Brotbrösel mehr untermischen.

Kräuter-Brotpudding
aus der Muffinform

Für 12 Stück • Zubereitungszeit: ca. 20 Minuten plus 30 Minuten Ruhezeit sowie 20–25 Minuten Backzeit

Für den Kräuter-Brotpudding
1 EL flüssige Butter
300 ml flüssige Sahne
6 Eier
1 EL mittelscharfer Senf
Salz
frisch gemahlener schwarzer Pfeffer
frisch geriebene Muskatnuss
150 g altbackenes Toastbrot
1 kleines Bund Schnittlauch
4–5 Zweige frischer Thymian
½ Bund glatte Petersilie
80 g geriebener Emmentaler

Zum Servieren
gemischter Salat

Kräuter-Brotpudding
Die Mulden eines 12er-Muffinblechs mit der Butter ausstreichen. Die Sahne, die Eier und den Senf verquirlen und mit Salz, Pfeffer und Muskat würzen.

Das Toastbrot samt Rinde in kleine Würfel schneiden. Den Schnittlauch waschen, trocken schütteln und in Röllchen schneiden. Den Thymian und die Petersilie waschen, trocken schütteln, die Blättchen abstreifen und fein hacken. Die Kräuter gut vermischen.

Die Hälfte der Toastwürfel in die Mulden der Muffinform verteilen und mit der Hälfte der Kräutermischung und des geriebenen Käses bestreuen. Die übrigen Brotwürfel, Kräuter und Käse daraufgeben und die Ei-Sahne-Mischung darübergießen. Zugedeckt mindestens 30 Minuten kalt stellen.

Die Muffinform in den auf 180 °C vorgeheizten Backofen (Ober-/Unterhitze) stellen. Die Puddinge 20–25 Minuten backen, bis die Oberfläche schön gebräunt ist. Anschließend 5 Minuten ruhen lassen und dann aus den Mulden lösen.

Servieren
Die Puddinge auf die Teller verteilen und mit dem Salat servieren.

TIPP
Kräuter-Brotpudding eignet sich auch hervorragend als Beilage zu Braten mit Sauce.

Pilz-Semmelknödel
mit Blattspinat

Für 4 Personen • Zubereitungszeit: ca. 45 Minuten plus 25 Minuten Ruhezeit

Für die Pilz-Semmelknödel
- 250 g altbackenes Weißbrot oder altbackene Brötchen
- 150 ml Vollmilch
- 1 Zwiebel
- ½ EL Butter
- ½ Bund glatte Petersilie, gewaschen und fein gehackt
- 5 g getrocknete Steinpilze, 10 Minuten in warmem Wasser eingeweicht
- 2 Eier
- Salz
- frisch gemahlener schwarzer Pfeffer
- frisch geriebene Muskatnuss

Für den Blattspinat
- 1 kg frischer Blattspinat
- Salz
- 2 Schalotten
- 1 Knoblauchzehe
- 2 EL Butter
- 150 g Crème fraîche
- frisch gemahlener schwarzer Pfeffer
- ½ unbehandelte Zitrone

Pilz-Semmelknödel

Das Brot klein würfeln und in eine Schüssel geben. Die Milch erhitzen, darübergießen und 10 Minuten quellen lassen.

Die Zwiebel abziehen, fein hacken und in einer Pfanne mit der Butter glasig andünsten. Die Pilze ausdrücken und die Einweichflüssigkeit für die Zubereitung des Spinats beiseitestellen. Die Pilze fein hacken und mit der Petersilie unter die Zwiebeln rühren. Mit den Eiern, 1 kräftige Prise Salz und Pfeffer und ein wenig Muskat zum eingeweichten Brot geben und alles gut verkneten. Zugedeckt mindestens 15 Minuten ruhen lassen. In einem weiten Topf Wasser aufkochen und kräftig salzen. Aus dem Knödelteig mit angefeuchteten Händen vier Knödel formen, einlegen und die Temperatur so regulieren, dass das Wasser nur noch leicht siedet. Die Knödel in etwa 20 Minuten gar ziehen lassen. Anschließend die Knödel herausheben und gut abtropfen lassen.

Blattspinat

Den Spinat waschen, verlesen und die dicken Stiele entfernen. Tropfnass mit 1 kräftigen Prise Salz in einen Topf geben und zugedeckt unter gelegentlichem Umrühren bei hoher Temperatur zusammenfallen lassen.

Die Schalotten und Knoblauch abziehen und fein hacken. Die Butter in einer Pfanne erhitzen und die Schalotten und den Knoblauch andünsten. Mit der beiseitegestellten Einweichflüssigkeit der Pilze (siehe oben) ablöschen und vollständig einkochen lassen. Den abgetropften Spinat und die Crème fraîche hinzufügen und alles 2–3 Minuten schmoren lassen. Mit Salz, Pfeffer und etwas Zitronenabrieb abschmecken.

Servieren

Den Spinat auf vier tiefe Teller verteilen und je einen Pilz-Semmelknödel darauf platzieren.

Sellerieschnitzel
mit Brot-Haselnuss-Panande

Für 4 Personen • Zubereitungszeit: ca. 45 Minuten

Für die Sellerieschnitzel
1 Knollensellerie (ca. 1 kg)
Salz
2–3 Scheiben unbehandelte Zitrone
60 g Haselnusskerne
100 g altbackenes Weißbrot
3 EL Mehl
2 Eier
2 EL Milch
frisch gemahlener schwarzer Pfeffer
4 EL Butterschmalz

Für den Feldsalat
200 g Feldsalat
2 EL Zitronensaft
1 TL mittelscharfer Senf
4 EL Rapskernöl
Salz
frisch gemahlener schwarzer Pfeffer

Sellerieschnitzel

Den Sellerie schälen und in gut 5 mm dicke Scheiben schneiden. Die Scheiben jeweils in der Mitte teilen. In einem Topf Wasser aufkochen, kräftig salzen und die Zitronenscheiben dazugeben. Die Selleriescheiben darin in 5–6 Minuten weich garen. Mit einem Schaumlöffel herausheben, auf Küchenpapier abtropfen und abkühlen lassen. Die Haselnusskerne in einer beschichteten Pfanne ohne Fettzugabe bei schwacher Temperatur rösten, bis sie dunkle Stelle bekommen. Nach dem Abkühlen mit den Händen die Häutchen abreiben. Das Brot entrinden, würfeln und mit den Nüssen im Blitzhacker zu Bröseln verarbeiten.

Die Brösel auf einem Teller ausbreiten. Das Mehl auf einen zweiten Teller geben. Die Eier mit der Milch in einem tiefen Teller verquirlen. Die Sellerieschnitzel leicht pfeffern, erst im Mehl wenden und den Überschuss abklopfen, dann durch das Ei ziehen und schließlich mit der Bröselmischung panieren.

Das Butterschmalz in einer Pfanne zerlassen und die Sellerieschnitzel darin portionsweise bei mittlerer Temperatur von jeder Seite in 3–4 Minuten goldbraun braten. Herausheben und auf Küchenpapier abtropfen lassen.

Feldsalat

Den Feldsalat putzen, waschen und gut abtropfen lassen. Aus dem Zitronensaft, dem Senf, dem Rapskernöl, etwas Salz und Pfeffer ein Dressing rühren. Den Feldsalat kurz vor dem Servieren damit marinieren.

Servieren

Die Sellerieschnitzel auf die Teller verteilen und mit dem Feldsalat servieren.

TIPP
Für einen Dip ½ grünen Apfel (z. B. Granny Smith) raspeln und mit 1 EL Zitronensaft und 1 Prise Zucker mischen. Unter 150 g griechischen Joghurt (10 % Fettgehalt) rühren und mit Currypulver, Salz und Pfeffer abschmecken.

Nudelnester
mit Rucola-Knoblauch-Brotbröseln

Für 12 Stück • Zubereitungszeit: ca. 35 Minuten plus 25 Minuten Backzeit

Für die Nudelnester
150 g altbackenes Brot
1 EL weiche Butter
1 Bund Rucola
1–2 Knoblauchzehen
40 g Parmesan
Salz
frisch gemahlener schwarzer Pfeffer
200 g Maccheroncini (dünne Makkaroni)
200 g flüssige Sahne
4 Eier

Zum Servieren
gemischter Salat

Nudelnester

Das Brot würfeln und ein Drittel davon im Blitzhacker zu Bröseln verarbeiten. Die Muffinform mit der Butter ausstreichen und mit den Bröseln ausbröseln.

Den Rucola waschen und gut abtropfen lassen. Dann die Stiele entfernen und die Blätter grob hacken. Den Knoblauch abziehen und etwas zerkleinern. Das übrige Brot mit dem Rucola und dem Knoblauch im Blitzhacker zerkleinern. Den Parmesan reiben und die Hälfte davon untermischen. Mit Salz und Pfeffer würzen.

Die Maccheroncini nach Packungsangabe bissfest garen. In ein Sieb abgießen, kalt abbrausen und abtropfen lassen. Jeweils 3 bis vier Nudeln zu Nestchen um die Finger wickeln und in die Mulden der Muffinform legen. Die Rucola-Brösel-Mischung darauf verteilen. Die Sahne und die Eier in einem Mixbecher verquirlen, mit Salz und Pfeffer würzen und über die Nudelnester verteilen. Den restlichen Parmesan darüberstreuen. Die Nudelnester auf der mittleren Schiene des auf 200 °C vorgeheizten Backofens (Ober-/Unterhitze, Umluft 180 °C) in etwa 25 Minuten goldbraun backen. Anschließend die Nudelnester aus den Formen lösen.

Servieren

Die Nudelnester auf die Teller verteilen und den Salat dazu servieren.

Tomaten-Auberginen-Pasta
mit gerösteten Chili-Brotbröseln

Für 4 Personen • Zubereitungszeit: ca. 45 Minuten plus 10 Minuten Ruhezeit

Für die Chili-Brotbrösel
100 g altbackenes Weißbrot
2 EL Öl von eingelegten getrockneten Tomaten
1 getrockneter Peperoncino

Für die Tomaten-Auberginen-Sauce
500 g Auberginen
Salz
6 EL Olivenöl
2 rote Zwiebeln
1–2 Knoblauchzehen
500 g Eiertomaten
8 getrocknete Tomaten (in Öl)
½ TL Zimtpulver
frisch gemahlener schwarzer Pfeffer
1 Bund glatte Petersilie

Zum Servieren
400 g Spaghetti

Chili-Brotbrösel
Das Brot würfeln und im Blitzhacker nicht zu fein zerkleinern. Das Öl der getrockneten Tomaten in einer Pfanne erhitzen. Die Brotbrösel hineingeben, den Peperoncino dazubröseln und alles unter Rühren knusprig rösten. Abkühlen lassen und beiseitestellen.

Tomaten-Auberginen-Sauce
Die Auberginen waschen, putzen und in etwa 1 cm große Würfel schneiden. Mit Salz bestreuen und 10 Minuten Wasser ziehen lassen. Die Auberginen gut ausdrücken und mit Küchenpapier trocken tupfen. In einer großen Pfanne 3 EL Öl erhitzen und die Auberginenwürfel darin 3–4 Minuten braten. Herausnehmen und beiseitestellen.

Die Zwiebeln abziehen, längs halbieren und in Spalten schneiden. Den Knoblauch abziehen und fein hacken. Die Tomaten waschen und in etwa 5 mm große Würfel schneiden, den Stielansatz dabei entfernen. Die getrockneten Tomaten abtropfen lassen und klein würfeln. Das restliche Öl (3 EL) in die Pfanne geben und die Zwiebeln und den Knoblauch 1 Minute anbraten. Die getrockneten und frischen Tomaten dazugeben und 2–3 Minuten mitbraten. Die Auberginen untermischen, mit Zimtpulver, Salz und Pfeffer würzen und zugedeckt bei schwacher Temperatur etwa 15 Minuten weiterschmoren lassen. Die Petersilie waschen, trocken schütteln, abzupfen und die Blätter fein schneiden. Vor dem Servieren unter die Sauce rühren.

Servieren
Die Spaghetti auf tiefe Teller verteilen und reichlich Sauce darübergeben. Die gerösteten Chili-Brotbrösel darüberstreuen.

Brot-Zucchini-Gratin
mit Rosmarinbutter

Für 2 Personen • Zubereitungszeit: ca. 25 Minuten plus 30 Minuten Backzeit

Für das Brot-Zucchini-Gratin
- 1–2 Zweige Rosmarin
- 1 Knoblauchzehe
- 80 g weiche Butter
- Salz
- frisch gemahlener schwarzer Pfeffer
- 120 g altbackenes Baguette
- 2 Zucchini (à ca. 150 g)
- 4 Strauchtomaten

Brot-Zucchini-Gratin

Den Rosmarin waschen, trocken schütteln, die Nadeln abstreifen und fein hacken. Den Knoblauch abziehen und ebenfalls fein hacken. Beides unter die Butter rühren und mit Salz und Pfeffer würzen. Eine ofenfeste Auflaufform (oder zwei Portionsförmchen mit etwa 14 cm Durchmesser) mit etwas Rosmarinbutter ausstreichen. Das Baguette in etwa 3 mm dicke Scheiben schneiden und diese dünn mit der Rosmarinbutter bestreichen, dabei einen Rest Butter zurückbehalten. Die Zucchini und Tomaten waschen, die Stielansätze entfernen, den Rest in Scheiben schneiden. Die Baguette-, Zucchini- und Tomatenscheiben im Wechsel in die Form schichten. Mit Salz und Pfeffer würzen und die übrige Rosmarinbutter in Flöckchen darauf verteilen. Auf der mittleren Schiene des auf 180 °C vorgeheizten Backofens (Ober-/Unterhitze, Umluft 160 °C) etwa 30 Minuten backen. Das Gratin aus dem Ofen nehmen und portionieren.

Servieren

Das Gratin auf die Teller verteilen.

TIPP

Alternativ zu frischem Rosmarin kann auch 1 gehäufter TL Kräuter der Provence zusammen mit dem Knoblauch unter 6 EL Olivenöl gemischt und wie die Rosmarinbutter verwendet werden.

Auflauf
mit Roquefort und Trauben

Für 4 Personen • Zubereitungszeit: etwa 20–25 Minuten plus 25 Minuten Backzeit

Für den Auflauf
400 g altbackenes Weißbrot
2 EL Butter plus etwas mehr für die Form
120 g kernlose Trauben
250 g Gorgonzola
4 EL fruchtiger Weißwein
3 Eier
100 g flüssige Sahne
200 ml Vollmilch
Salz
frisch gemahlener schwarzer Pfeffer

Auflauf

Das Brot in knapp 1 cm dicke Scheiben schneiden und auf einem mit Backpapier ausgekleideten Backblech verteilen. Die Butter schmelzen und die Brote damit bestreichen. Auf der oberen Schiene im auf Grillstufe vorgeheizten Backofen in 2–3 Minuten goldbraun rösten, wenden und auf der anderen Seite ebenfalls 2–3 Minuten rösten. Herausnehmen und abkühlen lassen.

Die Trauben waschen, abtropfen lassen und halbieren. Den Gorgonzola in Flöckchen schneiden oder teilen. Eine ofenfeste Form ausbuttern. Die Brotscheiben im Wechsel mit den Trauben und den Gorgonzolaflocken dachziegelförmig überlappend in die Form schichten. Den Weißwein darüberträufeln. Die Eier mit der Sahne und der Milch verquirlen und mit Salz und Pfeffer würzen. Die Eier-Milch-Mischung gleichmäßig über dem Auflauf verteilen. Auf der mittleren Schiene des auf 200 °C vorgeheizten Backofens (Ober-/Unterhitze, Umluft 180 °C) etwa 25 Minuten backen. Anschließend den Auflauf aus dem Ofen nehmen und portionieren.

Servieren

Den Auflauf auf die Teller verteilen.

TIPP
Nach Belieben können die Trauben auch weggelassen oder der Gorgonzola durch andere, leicht schmelzenden Käsesorten (z. B. Raclettekäse) ersetzt werden.

Sesam-Brotpüree
mit Ofengemüse

Für 4–6 Personen • Zubereitungszeit: ca. 30 Minuten plus 30 Minuten Backzeit

Für das Ofengemüse
1 kg verschiedene Gemüsesorten (z. B. Karotten, Fenchel, Paprikaschoten, Zucchini)
5–6 Schalotten
2–3 Knoblauchzehen
2 EL Olivenöl
1 Bund glatte Petersilie
Salz

Für das Sesam-Brotpüree
120 g altbackenes Weißbrot (gerne mit Sesam)
400 g vorgegarte Kichererbsen (Konserve)
1 Knoblauchzehe
1 EL Tahin
2–3 EL Zitronensaft
2 EL Olivenöl
1 gestrichener TL gemahlener Kreuzkümmel
Salz
Chiliflocken

Ofengemüse
Das Gemüse waschen, putzen und in mundgerechte Stücke oder Streifen schneiden. Die Schalotten abziehen und vierteln. Den Knoblauch abziehen und in dünne Scheiben schneiden. Alles in einer Schüssel mit dem Öl mischen und auf einem tiefen Backblech verteilen. Das Gemüse auf der mittleren Schiene des auf 180 °C vorgeheizten Backofens (Ober-/Unterhitze, Umluft 160 °C) etwa 30 Minuten garen, dabei einmal wenden. Die Petersilie waschen, trocken schütteln, abzupfen und die Blätter fein schneiden. Das Gemüse aus dem Ofen nehmen, salzen und die Petersilie untermischen.

Sesam-Brotpüree
Inzwischen das Brot würfeln und in eine Schüssel geben. Die Kichererbsen samt Flüssigkeit dazugeben und das Brot 15 Minuten einweichen. Den Knoblauch abziehen, klein schneiden und zusammen mit dem Brot und den Kichererbsen in einen hohen Mixbecher geben. Das Tahin, den Zitronensaft, das Olivenöl, den Kreuzkümmel und je 1 kräftige Prise Salz und Chiliflocken hinzufügen. Alles mit dem Stabmixer fein pürieren. Das Brotpüree mit Zitronensaft, Salz und Chiliflocken würzig abschmecken.

Servieren
Das Sesam-Brotpüree auf Teller oder in Schalen geben und das Ofengemüse darauf anrichten.

SÜSSE GERICHTE

In diesem Kapitel erwarten Sie wunderbare Rezepte für feine Desserts wie Obst-Crumbles mit Knusper-Streuseln, tolle Brotaufläufe mit Früchten, Nüssen und Schokolade, außerdem unwiderstehliche Mehlspeisen wie Semmelschmarrn und Millirahmstrudel. Für diese süßen Köstlichkeiten lohnt es sich doch glatt, ein wenig mehr Brot zu kaufen und alt werden zu lassen …

Erdbeer-Rhabarber-Crumble

Für 4 ofenfeste Formen à ca. 200 ml Inhalt • Zubereitungszeit: ca. 15 Minuten plus 20 Minuten Backzeit

Für den Erdbeer-Rhabarber-Crumble
250 g Erdbeeren
250 g Rhabarber
2 EL Zucker
60 g altbackenes Weißbrot
40 g blanchierte Mandelkerne
1 TL Vanillezucker
Salz
2 EL Mehl Type 405
1 Eigelb
50 g Butter plus etwas mehr für die Formen

Zum Servieren
120 ml flüssige Sahne
1 TL Vanillezucker

Erdbeer-Rhabarber-Crumble

Die Erdbeeren waschen, abtropfen lassen, von den Kelchblättern befreien und die Beeren halbieren. Den Rhabarber waschen, die Fäden abziehen und die Stangen in 2 cm lange Stücke schneiden. Zusammen in einer Schüssel mit 1 EL Zucker mischen. Die Erdbeer-Rhabarber-Mischung in leicht gebutterte Formen schichten.

Das Brot würfeln und mit den Mandeln im Blitzhacker fein zerkleinern. Mit dem restlichen Zucker (1 EL), dem Vanillezucker, 1 kleinen Prise Salz, dem Mehl, dem Eigelb und der in kleine Stücke geschnittenen Butter mit den Händen zu Streuseln verkneten. Auf dem Obst verteilen und die Crumbles auf der mittleren Schiene im auf 200 °C vorgeheizten Backofen (Ober-/Unterhitze, Umluft 180 °C) etwa 20 Minuten backen, bis die Streusel goldbraun und knusprig sind.

Servieren

Die Sahne mit dem Vanillezucker steif schlagen. Die Crumbles heiß oder lauwarm mit der Schlagsahne servieren.

TIPP
Für Zwetschgen-Crumble mit Kardamomsahne 500 g Zwetschgen waschen, abtropfen lassen, vierteln und entsteinen. In einer Schüssel mit 1 EL braunem Zucker mischen. Für die Streusel das Weißbrot mit 40 g Haselnüssen im Blitzhacker zerkleinern und mit ½ TL Zimtpulver, 1 EL braunem Zucker und den restlichen Zutaten (siehe oben) verkneten. Die Sahne zum Servieren mit 1 Prise gemahlenem Kardamom würzen.

Apfel-Verrines
mit karamellisierten Knusperwürfeln

Für 4 Personen • Zubereitungszeit: ca. 30 Minuten plus 2 Stunden Kühlzeit

Für die Apfel-Verrines
2 säuerliche Äpfel (z. B. Granny Smith)
1 EL Zitronensaft
½ Vanilleschote
80 g altbackenes Weißbrot
1 EL Butter
2 EL Puderzucker
¼ TL Zimtpulver
100 ml flüssige Sahne
150 g Mascarpone
3 EL Eierlikör
4 TL Preiselbeeren (aus dem Glas)

Zum Servieren
Zimtpulver

TIPP
Beim Karamellisieren aufpassen, dass die Brotwürfel nicht zu dunkel und damit bitter werden. Die karamellisierten Brotwürfel schmecken auch im Müsli oder als Topping für sommerliche Obstkaltschalen.

Apfel-Verrines

Die Äpfel vierteln, schälen, das Kerngehäuse entfernen und die Viertel in dünne Spalten schneiden. Mit dem Zitronensaft in einen Topf geben und knapp mit Wasser bedecken. Die Vanilleschote längs einschneiden und dazugeben. Aufkochen und etwa 5 Minuten bei mittlerer Temperatur köcheln lassen, dann vom Herd nehmen und vollständig abkühlen lassen.

Das Brot entrinden und in etwa 5 mm große Würfel schneiden. Die Butter in einer Pfanne schmelzen. Die Brotwürfel darin bei mittlerer Temperatur unter mehrmaligem Wenden rösten. 1 EL Puderzucker mit dem Zimtpulver mischen, darübersieben und die Brotwürfel bei schwacher Temperatur unter Rühren goldbraun karamellisieren. Dann auf einem Blatt Backpapier ausbreiten und abkühlen lassen.

Die Sahne steif schlagen. Den Mascarpone mit dem restlichen Puderzucker (1 EL) und dem Eierlikör verrühren und die Schlagsahne unterheben. Zwei Drittel der Knusperwürfel in vier Gläser oder Dessertschalen füllen. Die abgetropften Apfelspalten daraufgeben. Jeweils 1 TL Preiselbeeren in die Mitte setzen. Die Mascarponecreme daraufschichten und für etwa 2 Stunden zugedeckt kalt stellen.

Servieren

Etwas Zimtpulver auf die Desserts streuen und die restlichen Knusperwürfel darauf verteilen.

Orangen-Ingwer-French-Toast

Für 4 Personen • Zubereitungszeit: 30 Minuten plus 10 Minuten Einweichzeit

Für den Orangen-Ingwer-French-Toast
1 unbehandelte Orange
1 walnussgroßes Stück frischer Ingwer
3 Eier
2 EL Zucker
Salz
8 Scheiben altbackenes Toastbrot
2 EL Butterschmalz
2 EL Mandelstifte

Zum Servieren
1–2 TL Puderzucker (optional)
Obstsalat (z. B. Mango, Orange, Granatapfel)

Orangen-Ingwer-French-Toast

Die Orange heiß abwaschen, abtrocknen und die Schale fein abreiben. Den Saft auspressen. Den Ingwer schälen und fein reiben.

Die Eier mit dem Zucker, dem Ingwer und 1 Prise Salz verquirlen. Den Orangensaft und die Schalenabrieb unterrühren. Die Toasts in eine flache Schale legen, mit der Mischung begießen und 10 Minuten durchziehen lassen, nach der Halbzeit wenden.

Jeweils die Hälfte des Butterschmalzes in einer großen Pfanne erhitzen. Die Toastscheiben nacheinander aus der Eimischung heben, die Mandelstifte auf der Oberfläche verteilen und etwas andrücken. Je vier getränkte Toastscheiben mit der Mandelseite nach unten in die Pfanne geben und in 2–3 Minuten bei mittlerer Temperatur goldbraun anbraten. Dann wenden und auf der anderen Seite ebenfalls 2–3 Minuten braten. Die Toasts mit der Mandelseite nach oben auf einem mit Backpapier ausgekleideten Backblech verteilen und im auf 180 °C vorgeheizten Backofen (Ober-/Unterhitze) in 6–8 Minuten knusprig backen.

Servieren

Je zwei Toasts auf vorgewärmten Desserttellern platzieren und nach Belieben ein wenig Puderzucker darübersieben. Den Obstsalat daneben anrichten.

TIPP
Für klassische Arme Ritter werden die Weißbrotscheiben in einer Mischung aus Eiern, Milch und Zucker eingelegt, dann in Butterschmalz ausgebacken und mit Zimtzucker bestreut serviert.

Brot-Bananen-Pfannkuchen
mit Haselnusskrokant

Für 2 Personen • Zubereitungszeit: ca. 30 Minuten plus 10 Minuten Quellzeit

Für die Brot-Bananen-Pfannkuchen
1 altbackenes Brötchen (ca. 60 g)
2 EL Mehl
2 Eier
1 EL Zucker
Salz
4 EL Milch
40 g Haselnusskerne
1 EL Puderzucker
1 große reife Banane
1 EL Zitronensaft
2 TL Butterschmalz

Zum Servieren
Vanilleeis (optional)

Brot-Bananen-Pfannkuchen

Das Brötchen in lauwarmem Wasser einweichen. Das Mehl in einer Rührschüssel mit den Eiern, dem Zucker, 1 kleinen Prise Salz und der Milch zu einem glatten Pfannkuchenteig verrühren und 10 Minuten zugedeckt quellen lassen.

Die Haselnusskerne hacken. Den Puderzucker in eine Pfanne sieben und bei schwacher Temperatur zu hellem Karamell schmelzen. Die Nüsse hinzufügen und unter Rühren goldbraun karamellisieren lassen. Dann auf einem Blatt Backpapier verteilen und abkühlen lassen.
Die Banane schälen, mit einer Gabel zerdrücken und mit dem Zitronensaft mischen. Das Brötchen sehr gut ausdrücken, fein zerzupfen und zusammen mit der Banane sorgfältig unter den Pfannkuchenteig rühren.

1 TL Butterschmalz in einer mittelgroßen beschichteten Pfanne erhitzen, die Hälfte des Teiges hineingeben und in etwa 2 Minuten bei mittlerer Temperatur stocken lassen. Dann wenden und auf der anderen Seite in weiteren 2 Minuten fertig backen. Mit dem restlichen Teig ebenso verfahren.

Servieren

Die Brot-Bananen-Pfannkuchen auf die Teller geben und den Haselnusskrokant darüberbröseln. Nach Belieben noch eine Kugel Vanilleeis darauf anrichten.

TIPP
Alternativ zum Haselnusskrokant kann auch Zimtzucker verwendet werden.

Torrijas de Leche
mit Honig

Für 4–6 Personen • Zubereitungszeit: ca. 20 Minuten plus 30 Minuten Einweichzeit

Für die Torrijas de Leche
- 300 g altbackenes Weißbrot (z. B. Baguette, Parisienne, Kastenweißbrot)
- 100 g Zucker
- 1 TL Zimtpulver
- 400 ml Milch
- 3 Eier
- neutrales Pflanzenöl
- 125 g flüssiger Honig

Zum Servieren
- Vanilleeis (optional)

Torrijas de Leche
Das Brot in etwa 1 cm dicke Scheiben schneiden. Den Zucker, den Zimt und die Milch verrühren, bis sich der Zucker gelöst hat. In eine flache Schale gießen und die Brotscheiben einlegen. Etwa 10 Minuten ziehen lassen, nach der Halbzeit wenden.

Die Eier in einer Schale verquirlen. In einer Pfanne 1 cm hoch Öl erhitzen. Die getränkten Brotscheiben im Ei wenden und in der Pfanne von jeder Seite in 2–3 Minuten goldbraun ausbacken. Herausheben und auf Küchenpapier abtropfen lassen.

Den Honig mit 4 EL Wasser in einen Topf geben und unter Rühren bis knapp unter den Siedepunkt erhitzen. Die Torrijas auf einer Platte ausbreiten und die Hälfte des heißen Honigsirups mit einem Esslöffel darüber verteilen. Die Torrijas 10 Minuten durchziehen lassen, dann wenden, und den restlichen Honigsirup darüber verteilen.

Servieren
Die Torrijas auf die Teller verteilen und nach Belieben eine Kugel Vanilleeis daneben anrichten.

TIPP
Obwohl es sich um ein eher einfaches Rezept handelt, in dem auch noch altes Brot verarbeitet wird, sind Torrijas de Leche in Spanien ein beliebtes Festtagsdessert.

Tessiner Schnitten
mit Aprikosenkompott

Für 4 Personen • Zubereitungszeit: ca. 25 Minuten plus 10 Minuten Einweichzeit und 20 Minuten Backzeit

Für die Tessiner Schnitten
400 g altbackenes Weißbrot
4 Eier
125 ml flüssige Sahne
3 EL Zucker
1 Vanilleschote
40 g Butter

Für das Aprikosenkompott
500 g frische Aprikosen
½ EL Zucker
1 EL Zitronensaft

Tessiner Schnitten

Das Brot in etwa 15 mm dicke Scheiben schneiden und in eine flache Schale legen. Die Eier mit der Sahne und 1 EL Zucker in einen Mixbecher geben. Die Vanilleschote längs aufschneiden, das Mark herauskratzen und dazugeben. Die ausgekratzte Schote für das Aprikosenkompott beiseitelegen. Alles gut verquirlen, bis sich der Zucker gelöst hat, und über die Brotscheiben gießen. 10 Minuten einweichen lassen, nach der Halbzeit wenden. Die vollgesogenen Brotscheiben mit etwas Abstand auf ein mit Backpapier ausgekleidetes Backblech legen. Die Butter schmelzen lassen, die Brote damit bestreichen und mit dem restlichen Zucker (2 EL) bestreuen. Auf der mittleren Schiene im auf 200 °C vorgeheizten Backofen (Ober-/Unterhitze, Umluft 180 °C) etwa 20 Minuten backen, bis die Oberfläche schön gebräunt ist.

Aprikosenkompott

Die Aprikosen waschen, entsteinen und in Spalten schneiden. Mit der ausgekratzten Vanilleschote der Tessiner Schnitten, 125 ml Wasser, dem Zucker und dem Zitronensaft in einem Topf aufkochen und 2 Minuten bei schwacher Temperatur köcheln lassen. Vom Herd nehmen und etwas abkühlen lassen. Die Vanilleschote entfernen und das Aprikosenkompott in vier Schalen füllen.

Servieren

Die Tessiner Schnitten auf die Teller verteilen und das Aprikosenkompott danebenstellen.

TIPP
Für Zwetschgenkompott zusammen mit der ausgekratzten Vanilleschote noch ein kleines Stück Zimtstange hinzufügen.

Scheiterhaufen
mit Birnen und Cranberrys

Für 4 Personen • Zubereitungszeit: ca. 30 Minuten plus 30 Minuten Backzeit

Für den Scheiterhaufen
4 altbackene Brötchen (à ca. 60 g)
350 ml Milch
4 Eier
3 EL Zucker
Salz
4 saftige Birnen (z. B. Alexander Lucas)
3 EL Zitronensaft
1 Päckchen Vanillezucker
40 g getrocknete Cranberrys
40 g Mandelblättchen
50 g Butter plus etwas mehr für die Form

Zum Servieren
Puderzucker

Scheiterhaufen

Die Brötchen in Scheiben schneiden und in eine Schüssel geben. Die Milch, die Eier, den Zucker und 1 Prise Salz verquirlen und die Hälfte davon über die Brötchen gießen. Die Birnen vierteln, schälen, vom Kerngehäuse befreien und in dünne Spalten schneiden. Die Birnenspalten mit dem Zitronensaft und dem Vanillezucker mischen. Eine ofenfeste Form mit Butter ausstreichen und abwechselnd die eingeweichten Brötchen, die Birnenspalten und die Cranberrys einschichten. Mit einer Brötchenschicht abschließen.

Die restliche Eier-Milch-Mischung über den Auflauf gießen, die Mandelblättchen aufstreuen und die Butter in Flocken darauf verteilen. Den Scheiterhaufen auf der mittleren Schiene des auf 180 °C vorgeheizten Backofens (Ober-/Unterhitze, Umluft 160 °C) etwa 30 Minuten backen, bis die Oberfläche schön gebräunt ist.

Servieren

Den Scheiterhaufen auf die Teller verteilen und mit Puderzucker bestauben.

TIPP
Für die klassische Variante des Scheiterhaufens werden säuerliche Äpfel und Rosinen verwendet.
Die Trockenfrüchte können nach Belieben in 2 EL Sherry medium (Cranberrys) bzw. 2 EL Rum (Rosinen) eingeweicht werden.
Statt der Brötchen können auch Brioches oder Hefezopf verwendet werden. Dann reichen 1–2 EL Zucker in der Eier-Milch-Mischung.

Wiener Semmelschmarrn
mit Vanillesauce

Für 4 Personen • Zubereitungszeit: ca. 30 Minuten plus 15 Minuten Einweichzeit und 30 Minuten Backzeit

Für den Schmarrn
5–6 altbackene Brötchen
375 ml Milch
2 Eier
2 EL Zucker
Salz
4 EL Butter
1 EL Puderzucker

Für die Vanillesauce
2 Eigelb
2 EL Zucker
250 ml Milch
1 Vanilleschote

Schmarrn

Die Semmeln in dünne Scheiben schneiden und in eine Schüssel geben. Die Milch mit den Eiern, dem Zucker und 1 kleinen Prise Salz verquirlen, darübergießen und etwa 15 Minuten durchziehen lassen.

In einer großen ofenfesten Pfanne 2 EL Butter erhitzen. Die Semmelmasse hineingeben. Die restliche Butter (2 EL) in Flocken darauf verteilen. Den Semmelschmarrn auf die mittlere Schiene des auf 180 °C vorgeheizten Backofens (Ober-/Unterhitze, Umluft 160 °C) in etwa 30 Minuten goldbraun backen, dabei nach jeweils 10 Minuten kurz aus dem Ofen nehmen und mit zwei Gabeln in Stücke reißen. Beim zweiten Mal den Puderzucker darübersieben und den Semmelschmarrn in der verbleibenden Zeit an der Oberfläche leicht karamellisieren lassen.

Vanillesauce

Das Eigelb mit dem Zucker und der Milch in einem Topf verrühren. Die Vanilleschote längs aufschneiden, das Mark herauskratzen und dazugeben. Bei schwacher Temperatur unter ständigem Rühren bis kurz vor dem Siedepunkt erhitzen, damit die die Sauce leicht dicklich wird. Vom Herd nehmen und gelegentlich umrühren, damit sich keine Haut bildet.

Servieren

Den Semmelschmarrn auf vier Teller verteilen und die warme Vanillesauce dazu reichen.

TIPP
Statt Vanillesauce schmeckt auch Apfelmus dazu. Es können auch Hefezopf, Hörnchen oder Brioche verarbeitet werden. Da diese bereits süß sind, kann der Zucker in der Ei-Milch-Mischung reduziert oder weggelassen werden.

Brotgugelhupf
mit Datteln und Walnüssen

Für eine Gugelhupfform mit 2 l Inhalt, für 16 Stücke • Zubereitungszeit: ca. 30 Minuten plus 1 Stunde 15 Minuten Ruhezeit und 45 Minuten Backzeit

Für den Brotgugelhupf

- 500 g Mehl plus etwas mehr für die Form
- 250 ml Milch
- 40 g frische Hefe
- 60 g Zucker
- 1 Päckchen Vanillezucker
- 1 Prise Salz
- 2 Eier
- 100 g weiche Butter plus etwas mehr für die Form
- 1 unbehandelte Orange
- 120 g Datteln (oder getrocknete Feigen)
- 100 g Walnusskerne
- 150 g altbackenes Weißbrot
- 1 EL Puderzucker
- 1 Prise gemahlener Kardamom (wahlweise Zimtpulver)

Zum Servieren

- Puderzucker

Brotgugelhupf

Das Mehl in eine Schüssel sieben und in die Mitte eine Mulde drücken. Die Milch lauwarm erhitzen und die Hefe und 1 TL Zucker darin auflösen. Die Hefemilch in die Mulde gießen. Zugedeckt an einem zugfreien, warmen Ort 15 Minuten gehen lassen.

Den restlichen Zucker, den Vanillezucker, das Salz, die Eier und die Hälfte der Butter in Flocken dazugeben. Die Orange heiß abwaschen, abtrocknen und etwa 1 TL Schale fein dazureiben. Alles mit den Knethaken des Handrührgerätes 3–4 Minuten bearbeiten, bis sich der Teig vom Schüsselrand löst. Den Teig in der Schüssel zur Kugel formen und zugedeckt an einem zugfreien, warmen Ort 45 Minuten gehen lassen.

Die Orange auspressen. Die Datteln entsteinen, klein würfeln und im Orangensaft einweichen. Die Walnüsse grob hacken. Das Brot entrinden, in etwa 5 mm große Würfel schneiden und in der restlichen Butter (50 g) in einer Pfanne goldbraun und knusprig braten. Den Puderzucker mit dem Kardamom mischen und darübersieben. Unter Rühren weiterbraten, bis der Zucker schön karamellisiert, und dann abkühlen lassen.

Die Gugelhupfform ausbuttern und mit Mehl ausstauben. Den Teig auf die bemehlte Arbeitsfläche kippen, die Datteln, die Walnüsse und die Brotwürfelchen unterkneten und den Teig zu einer Rolle formen. Den Teig in die Form einlegen und zugedeckt noch einmal 15 Minuten gehen lassen. Den Brotgugelhupf auf der mittleren Schiene des auf 180 °C vorgeheizten Backofens (Ober-/Unterhitze, Umluft 160 °C) in etwa 45 Minuten goldbraun backen. Vor dem Servieren etwa 10 Minuten ruhen lassen und dann auf ein Kuchengitter stürzen.

Servieren

Den Gugelhupf mit Puderzucker übersieben und in Stücke schneiden.

Schoko-Brot-Auflauf
mit Sauerkirschen

4 Personen • Zubereitungszeit: ca. 25 Minuten plus 60 Minuten Backzeit

Für den Schoko-Brot-Auflauf

- 350 g Sauerkirschen (Konserve)
- 2 EL Kirschgeist (optional)
- 400 g altbackenes Weißbrot
- 100 ml Milch
- 150 g weiche Butter plus etwas mehr für die Form
- 60 g Zucker
- Salz
- 3 Eier
- 2 EL Kakaopulver
- 40 g Schoko-Tröpfchen

Zum Servieren

- Puderzucker (optional)

Schoko-Brot-Auflauf

Die Kirschen in ein Sieb gießen und abtropfen lassen. Nach Belieben den Kirschgeist in einer Schüssel unter die Kirschen mischen. 300 g Brot klein schneiden. In einer Schüssel mit der Milch übergießen und einweichen. Das restliche Brot (100 g) würfeln und im Blitzhacker zu feinen Bröseln verarbeiten. Eine ofenfeste Form mit Butter ausstreichen und mit 2–3 EL Brotbröseln ausbröseln.

Die Butter mit dem Zucker und 1 Prise Salz mit dem Handrührgerät schaumig schlagen, dabei nach und nach die Eier hinzufügen. Das Kakaopulver und die restlichen Brotbrösel unterrühren. Das eingeweichte Brot ausdrücken, fein zerzupfen und mit den Kirschen und den Schoko-Tröpfchen unterheben. Die Masse in die Form füllen und glatt streichen.

Den Schoko-Brot-Auflauf auf der mittleren Schiene des auf 180 °C vorgeheizten Backofens (Ober-/Unterhitze, Umluft 160 °C) etwa 60 Minuten backen. Vor dem Zerteilen 5 Minuten ruhen lassen.

Servieren

Die Auflaufstücke auf die Teller verteilen und nach Belieben mit Puderzucker bestauben.

TIPP
Alternativ zu den Schoko-Tröpfchen kann auch gehackte Schokolade (Vollmilch oder Zartbitter) verwendet werden.

Millirahmstrudel

Für 2 Strudel, ergibt 8–10 Stücke • Zubereitungszeit: ca. 45 Minuten plus 30 Minuten Ruhezeit und ca. 40 Minuten Backzeit

Für den Millirahmstrudel

- 250 g Mehl plus etwas mehr für die Arbeitsfläche
- ½ TL Salz
- 2 EL neutrales Pflanzenöl
- 4 Eier
- 1 EL Essig
- 5 altbackene Brötchen
- 500 ml Milch (bei Bedarf etwas mehr)
- 95 g Zucker
- 150 g weiche Butter plus etwas mehr für die Form
- 2 Päckchen Vanillezucker
- abgeriebene Schale von 1 unbehandelten Zitrone
- 250 g flüssige Sahne

Zum Servieren

- Puderzucker (optional)

Millirahmstrudel

Das Mehl auf die Arbeitsfläche sieben und in die Mitte eine Mulde drücken. Das Salz, 1 EL Öl, ein Ei und den Essig in die Mitte geben. Nach und nach etwa 100 ml lauwarmes Wasser hinzufügen und alles zu einem glatten Teig verkneten. Den Teig zur Kugel formen und mit dem übrigen Öl (1 EL) einreiben. Eine Schüssel heiß ausspülen, darüberstülpen und den Teig 30 Minuten ruhen lassen.

Die Brötchen entrinden und 30 Minuten in der Milch einweichen. Dann gut ausdrücken (die Milch aufbewahren) und durch ein Sieb passieren.

Die restlichen Eier trennen und das Eiweiß mit 40 g Zucker steif schlagen. 80 g Butter mit den Eigelben, 40 g Zucker und der Hälfte des Vanillezuckers schaumig schlagen. Die Brötchenmasse, den Zitronenabrieb und die Sahne unterrühren und dann den Eischnee unterheben. Eine große ofenfeste Form ausbuttern. 40 g Butter schmelzen. Den Teig teilen und jeweils auf einer Silikonmatte oder einem bemehlten Stoffküchentuch hauchdünn ausrollen oder mit bemehlten Händen ausziehen. Mit der flüssigen Butter bestreichen und jeweils die Hälfte der Füllung darauf verteilen, dabei die Ränder frei lassen. Die Strudel seitlich etwas einschlagen, mithilfe der Matte oder des Tuches von der Längsseite her aufrollen und mit der Nahtstelle nach unten nebeneinander in die Form legen. Mit der restlichen, flüssigen Butter (30 g) bestreichen und auf der mittleren Schiene des auf 180 °C vorgeheizten Backofens (Ober-/Unterhitze, Umluft 160 °C) etwa 25 Minuten backen. Anschließend die ausgedrückte Milch falls nötig auf 250 ml ergänzen und mit dem restlichen Zucker (1 EL) und dem restlichen Vanillezucker einmal aufkochen, über die Strudel gießen und in weiteren 10–15 Minuten fertig backen. Die Strudel vor dem Servieren etwas ruhen lassen.

Servieren

Die Strudel auf die Teller verteilen und nach Belieben mit Puderzucker übersieben.

REGISTER

Register der Rezepte

Register nach Gerichten

Snacks & Vorspeisen

ÜBER DIE AUTORIN UND DAS FOTOTEAM

Die Autorin
Margit Proebst zählt zu Deutschlands erfolgreichsten Kochbuchautorinnen. Sie verfasste zahlreiche Bestseller rund um die Themen Essen und Genießen. Bei Christian erschien von ihr unter anderem »What the Hack: Die besten Hackfleischrezepte aus aller Welt«. Unter www.nicht-wegwerfen-bitte.de schreibt sie regelmäßig zum nachhaltigen Umgang mit Lebensmitteln.

Das Fototeam
Alex Neumayer stammt aus dem Gasteinertal. Er arbeitete lange als Küchenchef und Food Artist in der 5-Sterne-Hotellerie in Südostasien. Seine Frau Angkana hat die asiatische Kunst des Gemüseschnitzens erlernt und sich als Köchin in der thailändischen und vietnamesischen Küche weitergebildet. Gemeinsam betreiben die beiden in Bad Hofgastein das Studio »Kochen und Kunst« – mit Angkana Neumayer als Foodstylistin und Alex Neumayer als Koch und Fotograf.
Mehr Infos unter www.kochenundkunst.at

IMPRESSUM

Verantwortlich: Sonya Mayer
Texte und Rezepte: Margit Proebst
Food-Fotografie und Food-Styling: Alex & Angkana Neumayer
Redaktion der Rezepte: Dr. Regina Roßkopf
Umschlaggestaltung: Regina Degenkolbe
Layoutgestaltung und Layout: Helen Garner
Repro: LUDWIG:media
Korrektorat: Franziska Sorgenfrei
Herstellung: Anna Katavic
Printed in Slovakia by Neografia

★★★★★

Sind Sie mit diesem Titel zufrieden? Dann würden wir uns über Ihre Weiterempfehlung freuen. Erzählen Sie es im Freundeskreis, berichten Sie Ihrem Buchhändler oder bewerten Sie bei Onlinekauf. Und wenn Sie Kritik, Korrekturen, Aktualisierungen haben, freuen wir uns über Ihre Nachricht an: Christian Verlag, Postfach 40 02 09, D-80702 München oder per E-Mail an lektorat@verlagshaus.de

Unser komplettes Programm finden Sie unter: www.christian-verlag.de

Die Deutsche Nationalbibliothek verzeichnet diese Publikation in der Deutschen Nationalbibliografie; detaillierte bibliografische Daten sind im Internet über http://dnb.d-nb.de abrufbar.

Bildnachweis: Alle Fotografien in diesem Buch und auf dem Umschlag stammen von Alex & Angkana Neumayer mit Ausnahme von: Seite 4 o. l.: Shutterstock / Kitch Bain; Seite 4 o. r.: Shutterstock / DROBOT VIKTORIIA; Seite 4 u. l.: Shutterstock / Sunny Forest; Seite 4 u. r.: Shutterstock / B.G. Photography; Seite 10–11, 48–49, 76–77, 104–105, 130–131: Shutterstock / Pinkyone; Freisteller Brotbrösel: Shutterstock / Vangelis_Vassalakis

ISBN 978-3-95961-535-8

Ebenfalls erhältlich ...

ISBN 978-3-95961-393-4

ISBN 978-3-95961-510-5

ISBN 978-3-95961-411-5

ISBN 978-3-95961-255-5

CHRISTIAN

www.christian-verlag.de